自分を変えなくても大丈夫。無理しなくても大丈夫。

がんばらなくても、うまくいく

山富浩司

はじめに

「あなたは今、幸せですか？」

そんなふうに尋ねられたら、あなたはどう答えられますか？

「とっても幸せ」という方もおられるかもしれません。

「あまり幸せではないかも」と思われている方もおられるかもしれません。

今、あなたがどちらの状態であっても大丈夫です。これからのあなたこそが大切です。

これからの人生で、あなたが幸せに包まれていくのなら、あなたにとって最高の喜びとなることでしょう。


あなたは、幸せになるために生まれてきました。

では、幸せとは、どんな状態なのでしょうか。

たくさんのお金を得たとき。

誰もがうらやむ地位を得たとき。

おいしい食事をしているとき。

憧れの地に旅をしているとき。

いろいろな幸せの場面があることでしょう。


たとえば、使いきれないほどの、たくさんのお金を得れば、誰もが幸せな気持ちになることでしょう。

ただ私は思うのです。

たくさんのお金を得たとしても、まわりから疎まれたり恨まれたとしたら、幸せな気持ちはなくなってしまうことでしょう。

人生の質は、感情で決まります。

使いきれないほどのお金を得たとしても、日々に幸せを感じることが少ないのであれば「不幸せな人生」となってしまうのです。

本当の幸せ。

それは、たくさんの人から「あなたと会えてよかった」「あなたのおかげで私もとても幸せです」そういわれることではないでしょうか。

そう、幸せには「人」が大きくかかわっているのです。

もし使いきれないほどのお金を宝くじで当てたとしても、その瞬間に、世界中であなただけが存在する世界となったとしたら、幸せな気持ちは吹き飛んでしまうはずです。

ものすごく若返ったとしても、無人島で一生ひとり暮らしをしなければならないのであれば、あなたの若さや美貌を褒めてくれる人は誰ひとりいません。

そんな状態では、幸せを感じることはできないことでしょう。孤独感や不安な気持ちでいっぱいとなってしまうかもしれません。

幸せな日々を送るには、「幸せな人間関係」を築くことがとても重要なのです。

この本のテーマは、人間関係を通して、あなたの心を見つめ直し、あなたの人生においての幸せや喜びを加速することです。さらに、お金や仕事、恋愛、健康などについてもお話しさせていただいています。

ただ、本書は幸せな人生を送るための「方法」には主眼を置いていません。

「方法」や「やり方」は、巷に溢れているためです。

この本では、**「やり方」よりも大切なこと**を重点的にお伝えしていきます。

一見遠回りのようですが、「やり方」を追い求めるよりも、はるかに早くあなたの望む世界に到達することでしょう。

「やり方」よりも大切なもの。

それは「あり方」です。

「あり方」とは、心のあり方です。

「どうしても許せない人がいる」

「変えたいと思う人がいる」

「好きな人がいるけど、なかなかアプローチできない」

「もっといい人間関係に恵まれたい」

「自分らしい生き方をしたい」

「幸せな日々を送りたい」

「叶えたい夢がある」

そんな方は、ぜひ本書をお手に取られてみてください。

読み終えた後に、ふっと心が軽くなっている。

「これからは充実した毎日になりそう」

そんなふうに心の状態が変わっているかもしれません。


数年前までの私は、人間関係に恵まれている状態からはかけ離れていました。

本音で話し合える心を許せる人は、皆無に近い状態でした。

そんな私が、本書に書かせていただいた、心のあり方で生きるようになってからは、たくさんの心友ができたのです。

親友ではなく「心友」なのは、まさに心を許し合い、想いを共有できる心の友だからです。

心友に囲まれる日々を送るようになってからは、それまでの底辺をなめつくすようなつらい毎日から解放されました。自身を取り巻く環境も、大きく好転していきました。

今では毎日が、そして一瞬一瞬が眩しく愛おしいものと変わってきています。


この幸せな日々は何ものにも代えがたい宝です。

あなたがもし今、「自分の人生、うまくいってないな」と悩まれていたとしても大丈夫です。

本書をお読みになられることで、きっとあなたの未来も、笑顔と幸せに満ちているものに変わっていくはずです。

あなたの笑顔が、もっと見られるなら私も幸せです。

目次

第3章　言葉やモノに出会う

第4章　幸せな人生を歩んでいく

第1章

対人関係の悩みと向き合う

あなたの人生に登場する人たち

**あなたが経験する出会いや別れは、たまたま起こる出来事ではなく、すべてにおいて意味があります。
その経験があなたの人生をつくっていくのです。**

すべては必然。なんらかの意味が必ずある

この本は、人間関係を通して、あなたの心を見つめ直し、あなたの人生においての幸せや喜びを加速することを主題としています。

私たちは、家族、友人、同僚、先生など、多くの人との出会いや別れによって少しずつ成長しています。

楽しいこと、嬉しいこと、悲しいこと、つらいこと……。

これらのたくさんのことを、たくさんの人と共有していくのが人生です。

あなたは、人との出会いをどのようにとらえているでしょうか。

人とのご縁というのは恋愛・家庭・職場など、人生のさまざまな体験に大きな影響を与えます。

とはいえ、自分を取り巻く人間関係は、「偶然同じ学校だったから」知り合った、「たまたま知人の紹介で」仲よくなったなど、「偶然」や「たまたま」で成り立っていると思われている方が多いのではないでしょうか。

私自身も、十数年前までは、人との出会いは、「偶然」や「たまたま」なのだから、そこに意味はあまりないと考えていました。

でも、どんなことにも必ず意味があります。

この世で起こることはすべて必然であり、偶然は一つもありません。

今の私は「これは真実だ」ということがわかっています。

それはなぜかといいますと、「偶然」のひと言では片づけられない出来事が次々に起こったからです。

先日、私が主催する講習会に大手企業の社長さんがいらっしゃいました。

その社長さんとは、その場にいた人たちを交えてお話しする機会があったのですが、そこで彼は唐突に、「実は今、トラブルがあって会社が大ピンチなんです」と衝撃発言をされたのです。

その場に居合わせていた方々は驚きました。

「えっ？　そんなピンチのときに講習を受けていて大丈夫なんですか？」と、びっくりして聞き返しました。

するとき社長さんは、

「トラブルがあったからこそ、自分の心を見つめ直したいと思い、前から気になっていたこの講習会に思い切って参加したんです。

こういうことがなければ、なんとなく日々流されてしまって、参加することはなかったと思います」

と、説明してくださいました。

そこで、私が「これは天のおぼしめしですよね」と伝えましたら、その社長さんの顔がゆるんで、ニコッと笑顔になられたのです。

その笑顔を見たとき、私は、社長さんの雰囲気がフワッと軽くなるのを感じました。

これは、社長さんの意識が「トラブル」という感覚から抜け出して、「安心」という感覚に変化した証だと確信しました。

その後、社長さんとその場にいた私たちは意気投合し、新しいプロジェクトを立ち上げる話が出るほど、関係が急速に深まりました。

その社長さんには講習を受けられた直後から驚くような好条件の案件が入り、ピンチを切り抜けるどころか、ピンチが起こる前以上に業績が上がっているとのご連絡をいただきました。

「何をいいたいの？」

そう思われた方もおられるかもしれませんね。

この社長さんの身に降りかかったトラブルも、自分を見つめ直そうとして講演会に参加されたことも、私との出会いも、たまたまではなく、すべてのことが今の彼につながっているということをお伝えしたいのです。

あなたの身の回りに起きるさまざまな出来事も同じです。たまたま起こったものではなく、起こるべくして起こった必然なのです。

つらいこと、悲しいこと、悔しいこと、腹立たしいこと。それらも同じです。
すべてはあなたのよりよい未来のために起こっています。

人生は必然の連続で成り立っている

少し「出会い」の話からはそれますが、こんなこともありました。

この本の発行元である出版社のＫ社長と、編集者の方２名と打ち合わせをする機会がありました。

「今回の本のテーマはどうしようか」と、何度も議論を重ねました。
（あなたが今、読んでくださっているこの本のテーマです）

なかなか４人の意見が「これだ！」とぴったりと一致することがなく、なんとなくモヤモヤしたまま散会、ということが続きました。

そして、5回目の会議の日。

K社長は急な用事が入ってしまい、会議に参加できなくなってしまったのです。


急遽、K社長抜きで会議が始まったのですが、

「人間関係を通して心のあり方を考える、やり方ではなく、『あり方』を伝えることをテーマにしよう」

と、紛糾することもなく、あっさり決まったのです。


これは、K社長の意見がいい・悪い、通る・通らないということではありません。

たとえば、K社長が同席していて「○○のテーマでいきましょうよ」とおっしゃっていたら、「それ、いいね！」と別のテーマになっていたかもしれないからです。

そうなっていたらこの本は生まれませんでした。


でも、会議の場に、K社長はいらっしゃらなかった。

本来4人だったのがなぜか3人になった。

（本当に突然のことだったようで、私はこのことを事前に知りませんでした）

「K社長がいなくて平気かな、今日もテーマが決まらないかもしれない」

と思っていたところ、編集者の方がこういわれたのです。

「テーマ決めに関しては、本日、社長から一任されました」

K社長に用事ができて、編集者の方に会議進行が一任された、３人で相談して、テーマが決まった。

この一連の流れは、たまたま偶然が重なったのではなく、全部必然だったのです。

起こる出来事はすべて必然です。

そして人生は、必然の連続で成り立っています。

あなたにとって必要なことは、必要なタイミングで起こっています。

大嫌いな人がいるとき

嫌な人と出会うのもまた必然。
あなたがその人を嫌いでも、あなたにとって大切な何かを教えてくれる人なのかもしれません。

嫌いな人はあなたのために悪役を演じてくれている

必然の出会いには、ワクワクする嬉しい出会いばかり、ということはありません。
「なんでこんな目に遭うのだろう……」というような人が現れたり、意地悪な人に出会ったりすることも含まれています。

あなたのそばにもこういう人はいませんか？

そのような人に対しては、「えっ!!　これが必然の出会いなの？」と納得できない思いをするかもしれません。

でも、嫌な出会いがあったからこそ、その嫌な人を避けるために、今までとは違うグループに移動したり、違う場所に行ってみたりして、自ら環境を変える行動を起こすようになります。

そして、環境を変えた先で、素晴らしい人とのご縁があったりするのです。

これはどういうことかといいますと、

「嫌な人は、さらに素晴らしい人と出会うために、悪役を演じていてくれている」

ということなのです。

嫌な人というのは、あなたにとって悪い人というわけではありません。

嫌な人と悪い人というのは違います。

嫌な人があなたに教えてくれること

誰かに対して「嫌だな」と思うときは、四つの要因が考えられます。

一つ目は、相手はあなたの鏡であり、嫌な部分をあなたが持っているからこそ、そこに心が反応するという場合。

これはよく聞く話だと思います。

「目の前に現れる物事は、自分自身の内面を表している」という「鏡の法則」です。他人は自分の内面を映し出してくれる鏡であり、相手の嫌だと感じる部分は、実は自分の短所やコンプレックスを映し出しているものだといわれます。

二つ目は、かつて「嫌だなと思ったこと」がしばらくして、同波長の「嫌な人として」目の前に現れるという場合。

「こんな仕事は嫌だな」と嫌な仕事のことばかり考えているうちに、それと同等の感情を再現させる「嫌な人」が目の前に現れたりします。

さらには、「この人嫌だな」と考えているうちに、同じような感じの「新たな嫌な人」が現れることもあります。

三つ目は、過去の体験が原因の場合。

たとえば、Aさんを嫌いだと思っていたのに、実際は幼児期に出会った苦手なBさんを思い出すから、Aさんを嫌いだと勘違いしていた、というような場合です。

2、3歳の頃のことは、あまりよく覚えてないと思いますが、人の好き嫌いには、この幼児期の好き嫌いや体験が影響していることはよくあります。

この話は、犬を例にするとわかりやすいので説明してみましょう。

犬が怖いという人は、犬を見た瞬間にどんな犬でも苦手意識が芽生えます。

でも、よく考えたらおかしなことです。

すべての犬が吠えたり、噛みついたりするわけではないのに、初めて見る犬でさえも、「犬」ということだけで、怖いから嫌いと思うのはなぜでしょうか。

これは、幼少期に犬に吠えられたり、噛みつかれたという、その過去の体験が目の前のほかの犬に映し出されているためです。過去の体験が今の反応の原因となっているのです。

そして最後の**四つ目が、「違う環境を選んだほうがいいですよ」というサインであるという場合。**

私はサラリーマン時代、何度か転職をしていますが、ある時期勤めていた外資系会社には、苦手だなぁと思う人がたくさんいました。

その会社は、「他社を蹴落としてでも成果を上げろ」という主義でしたので、私はその考え方や考えを持つ人たちにどうしてもついていけなかったのです。

ある日、別の会社から好条件でヘッドハンティングの声がかかりました。

でも、「その会社にも同じように自分だけの利益を優先する人がいるのではないか」という考えが、ふと頭をよぎったのです。


本来なら好条件の新しい会社に転職するのに躊躇する必要はありません。

なのに、私はどうしても気が進まなくなってしまったのです。


そこで私は妻に相談してみました。

すると、笑顔でサラッと「嫌ならやめたらいいじゃない」との答えが返ってきたのです。


「そうか、じゃあ、やめよう」

私は、新しい会社にも行かずに、会社を辞めました。

サラリーマンのままでいることをやめたのです。

そこから数か月間はフリーター状態でしたが、その後ふと「独立しよう」「損得ではなく自分の思いに忠実に生きよう」そんな自分の心の声に従い、今に至ります。

今だからこそわかるのですが、会社に嫌な人がいてくれたおかげで、私は独立し、「天職」を手にすることができました。
「苦手だなぁ」そう思っていた人たちは、悪い人を演じてくれていたありがたい存在だったのです。

嫌な人ではあったけれど、悪い人ではなかった。
この違いをおわかりいただけたでしょうか。

私は嫌だなと感じる人に出会ったときには、「その人が本当に嫌なのか？」と常に自問するようにしています。
その人を嫌だと思う原因は、最近嫌なことを考えていたからなのか、苦手だったあの人に似ているからなのか、もしくは、もっと心の奥のほうに過去の体験記憶が残っているからなのか……。

嫌な人と出会うのもまた必然。

決して「たまたま」ということではないのです。

光は影があるからこそ存在できます。

「嫌な人」はあなたがさらに幸せに包まれるように悪役を演じてくれているのかもしれません。

どうしても許せない人がいるとき

嫌いな人や許せない人がいるのはあたりまえ。
どうしてもその人のことを許したくないのなら、無理して許す必要はありません。
ただ、怒りの感情は早めに発散してしまいましょう。

「許せない人」は許せないまま放っておく

あるとき、「とみ太郎さん、どうしても許せない人がいるのですが、やはり相手を許して好きになるほうがいいのでしょうか?」という質問を受けました。

とみ太郎とは、私のニックネームです。

先ほどご説明した「嫌な人」がさらにパワーアップしたのが「許せない人」ですね。

だから、「許せない人」の解釈の仕方は、「嫌な人」とほぼ同じと思っていただいてかまいません。

ただ、少し違いもあります。

「嫌な人」を「好きになりなさい」とはあまりいわれないのに対して、「許せない人」に関しては「その人のことを許しなさい」といわれることがよくあります。

私はこの場合、どうしても許したくないのなら、無理して許す必要はないと思っています。

もちろん、許したいなら許すのもＯＫです。

私は常に赤ちゃんマインドを基本にしていますから、「赤ちゃんだったら、こんなときどういう行動をとるのかな」と、シンプルに考えるようにしています。

赤ちゃんマインドとは、文字どおり、赤ちゃんの心持ち（マインド）です。

赤ちゃんだったら、嫌なモノならポイッと捨ててしまったり、苦手な人のところには近寄らないですよね。

赤ちゃんと同じように、許したくない人も許さないまま、心の中でポイッと放っておけばいいのだと思っています。

実際、世の中には、嫌いな人や許せない人がいてもいいというのが、大前提なのです。

すべての人を好きだったら、バランスがとれなくなります。

「嫌い」や「許せない」があるからこそ、「好き」や「許せる」が存在するのです。

嫌いな人や許せない人がいる人は、実はすごいことなのです。好きな人がはっきりとわかっているということなのですから。


人間以外で考えてみるとわかりやすいかもしれません。


たとえば私は、「コードネームG」が大の苦手です。

コードネームGとは……。ゴキ〇リのことです。

どうしても好きになれないゴキ〇リを無理やり好きになる必要はあるでしょうか。

好きにならなければならない理由も見つかりません。

人も同じです。

どうしても好きになれない人がいれば「なんとか好きになろう」と思うのではなく、その人のことを考えないようにするだけでいいのです。

怒りのエネルギーを発散させるとラクになる

ただし、無理に許す必要がないからといって、「アイツは許せない」「ムカつく」など、許せない相手のことを四六時中考えることは、おすすめできません。

もちろん、腹を立てて怒ったり、文句をいうのも少しの間やその日いっぱいまでなら問題ありません。

赤ちゃんは翌日にそれらの感情を「持ち越す」ことはありませんよね。赤ちゃん同様、特定の出来事に対して怒りの感情を持つのは「当日まで」とすることを意識されてみてください。

翌日以降も同様の感情が続くのであれば、そのような状態からは、なるべく早く抜け出したほうがラクになれます。

そんなときに私が実行している方法があります。ちょっとばかばかしいのですが、簡単でとても効果があります。車の中で「パオーン」と大きな声を出すだけです。

嫌なことや、許せないようなことから気持ちを切り替えたいとき、私は車の中でひとり、大声で「パオーン」と叫ぶようにしています。

何回か続けて「パオーン」「パオーン」と絶叫していると、だんだん、自分で自分の行動が面白くなっていきます。

そして最終的に、怒っていた自分が滑稽に感じられるようになったら、気分の切り替えは成功です。

ただ、叫ぶ際には、車の中など、ひとりになれる場所を選んでくださいね。

以前、信号待ちの車の中で「パオーン」と連呼していたら、通りがかりの女性が私をびっくりした顔で見つめていました。

窓が全開だったんですね……（笑）。

叫ぶ言葉は、幸せを呼びそうな「ハッピー」や、赤ちゃんをイメージした「パプー」など、自由に創作してもかまいません。

その際、かたくて重たい印象を与える濁音ではなく、「パピプペポ」などを組み合わせた軽い印象の言葉を使うと効果的です。

あるとき、知り合いの方とお話をしていた際、この「パオーン」が話題にのぼったのですが、その方は、

「車の中で実際に声に出していうより、とみ太郎さんが『パオーン』と、ひとりで連呼している姿を思い浮かべると、思わず面白くなってしまって……。この方法で気分転換をしています」

と、自分なりのアレンジを加えた方法を実践していらっしゃいました。

「思わず面白くなってしまう」という部分は少々引っかかりますが（笑）、気分転換が上

手にできているなら、それも喜ばしいことです。

ただ、できることなら、実際に声に出して「パオーン」といってみてください。
私が叫んでいる姿を想像するより、はるかに効果があるはずです（笑）。

なぜなら、**嫌な思いや許せない思い、腹立たしい思いなどは、すべて過剰なエネルギーであり、「声に出す」ということは、それらのエネルギー発散になるからです。**

赤ちゃんは、怒っているときや気に入らないときには、大声で泣きますよね。
大人も同じです。
身体の中にたまっているエネルギーを動かして、出してしまいましょう。

特に「許せない」という場合は、怒りの過剰なエネルギーがたまっています。
こんなときは、火山を噴火させればいいのです。
怒りを我慢してはいけません。

怒りのマグマは表面的に鎮火しても、地面の底ではグツグツと煮えたぎっています。そのような状態が続くから、会社で急にキレたり、夫婦ゲンカになったり、暴力的になったりと、自分でもコントロールがきかないところで爆発してしまうのです。


まずは思い切って、「パオーン」と声に出してみてください。

同じように声に出すなら、ひとりカラオケでシャウトするのもいいかもしれませんね。

声を出すのが苦手なら、ジムやバッティングセンターで思い切り身体を動かすのもおすすめです。


それから、面白い気分にはなりませんが、**「泣く」ということで不要なエネルギーを出すこともできます。**

思う存分泣くと、スッキリします。

男性の中には、「泣く」ということに、抵抗のある方もいらっしゃるかもしれません。

私自身も、「男は泣いてはいけない、涙は見せるな」といわれて育ちましたから、昔は

「泣く」ということに抵抗がありました。

そのうえずっと剣道をやっていたので、「耐え忍ぶことこそ美徳」みたいな考えにもなっていました。


でも、今考えると、「それは少し違うかも」と思うのです。

「泣く」という行為には、ものすごい浄化力があります。

だから、**「泣く」ことは弱くなることではなくて、むしろ強くなるということです。**


それでも「泣く」ことに抵抗のある方は、泣きたくなったら、まずはこっそりと誰にも知られずに泣いてみましょう。


泣いたらスッキリします。

スッキリしたら次に進めるのです。

あなたの笑顔は世界一素敵です。

あなたのスッキリ爽やかな笑顔を、私はたくさん見たいです。

「あの人が変わってくれたら」「あの人を変えたい」と思ったら

人が変わっても変わらなくても、あなたはあなた。

それはあなたのまわりの人にも同じことがいえるのです。

「人を変えたい」と思うのは、「嫌な思いをしたくない」という裏返し

「部下をもっと働かせたい」

「子どもがいうことをきかなくて……」

「小言ばかりいう姑を黙らせる方法はないですか?」


このような「あの人をどうにかして変えたい」という相談を受けることがよくあります。

そもそも、どうして私たちは、「あの人を変えたい」などと思うのでしょうか。

その理由は二つのケースが考えられます。

一つは、過去に起こった「嫌だったことを再現したくない」という、隠された感情が表面化されている場合。

もう一つは、未来への恐れや不安からきている「こうなってしまったらどうしよう」という、隠された感情が表面化されている場合。

この二つの感情は一種の防御反応です。

一つずつ説明していきたいと思います。

まずは、一つ目の過去に起こった「嫌だったことを再現したくない」という反応についてみていきましょう。

私たちは、無意識のうちに快適さを求めています。そして、自分にとって一番心地よい領域で生きています。

ちなみに、この心地よい領域のことを「コンフォートゾーン」といいます。

領域というのは物理的な場所だけを示すのではなく、職業、お金、家庭内における立場など、すべてがコンフォートゾーンの中で行われています。

快適さを求めるということは、嫌なことは避けて通りたいという心理が働いています。

つまり、この行動原理から考えると、「あの人を変えたい」と思うことは、実は過去にあった嫌な経験に対する防御反応、つまり「もう、あんな目に遭いたくない」という裏返しということになるのです。

たとえば、いつも愚痴ばかりいっている友だちに対して、「愚痴をいうのをやめさせたい」とあなたが思ったとします。

それはあなた自身の「愚痴を聞くのが嫌！　もうこれ以上はたくさん！」という防御反

応ととらえることができます。

過去の嫌な経験を二度としたくないと思う一方で、「あの人と一緒にいることでトラブルに巻き込まれるのは嫌だ。もし嫌な目に遭ったらどうしよう」という未来に対する恐れや不安が原因の場合もあります。

これが二つ目の理由です。


よくある質問なのですが、お母さんが子どもについて、

「うちの子は、なかなか勉強しなくて。もっと勉強させたいのですが、どうすればいいのでしょうか？」

という相談があります。

このような相談をされたとき、私は常にこのようにお伝えしています。

「お母さまご自身、子どもだった頃、勉強はされていましたか？」

「いいえ、あまりしていませんでした」

「では、仕方ないですね」（笑）と。

つまり、自分はあまり勉強をしていなかったのに、子どもには勉強をさせたいお母さん・お父さんが多いわけです。少し前までの私と同じ発想です。

続いて、「なんのために、お子さんに勉強をさせたいのですか？」と尋ねると、「この子が独り立ちできなかったらどうしよう」と子どもの将来を不安に思っていたりします。

さらに掘り下げていくと、「この子の人生がうまくいかなければ、自分の老後は誰が見てくれるのだろう」「私はずっとこの子の心配をし続けることになるのだろうか」という隠された恐れや不安な感情へとたどり着くことがあります。

これはお母さん・お父さん自身の未来への恐れや不安がベースになっています。「子どもを変えたい。子どもが変わってくれれば、私の未来は安泰だ」という、自分を安心させるための反応となっているわけです。

では、「あの人をどうにかして変えたい」と思ってしまったら、どうすればよいのでしょうか。

こういう場合、私は相手を変える方法を考えるのではなく、赤ちゃんマインドから外れないように意識することをおすすめします。

なぜ、「人を変えたい」という思考が、赤ちゃんマインドから外れているのかというと、赤ちゃんは「〇〇さんがこんなふうに変わってくれたらいいのになぁ」などと考えて生きてはいないからです。

赤ちゃんは、ほかの赤ちゃんが近くにいてもまったく気にしません。

「こっちの赤ちゃんは意地悪だから嫌だ」

「あっちの赤ちゃんは自慢ばかりして、ムカツク〜」

などと考えたりはしません。

もちろん、「あの赤ちゃんはもっと性格がよくなればいいのに……」と考える赤ちゃんもいないですよね。

だから、「人を変えたい」という思いがムクムクと湧き上がってきたら、こういうときは「赤ちゃんならどう行動するんだろう」と問いかけてみてください。

赤ちゃんは人を変えたいと思うのか、赤ちゃんは人が変わってくれたら自分は安心だと思うのかどうか、です。

「あの人が変わってくれればもっと幸せになれる」
「あの人が変わらないから私は不幸なんだ」
このように思っている人はとても多いようです。
私自身、以前はそう思っていました。

でも、それは思い違いなのかもしれません。
そう思っていることが、さらに嫌なことや不安を伴う出来事が起こってしまう求心力になってしまうためです。

最新物理学では、同じエネルギー（感情も一種のエネルギーです）は共鳴し合うことがわかっています。ですから、恐怖や不安は、それらをより強く感じる出来事を起こしてしまうのです。


人は人。自分は自分。

人が変わろうが、変わるまいが、あなたはあなた。

あなたは「そのまま」で素晴らしい完璧な存在です。

それはあなたのまわりの人も同じです。

「仕方がない」とあきらめるのではなく、「どちらでもＯＫ」と思ってみる

また、それほど強く相手に変わってほしいと思わなくても、

「あの人、もう少しこういう態度だったらいいのに」

「変わらなくても仕方ないけれど、変わってくれたら嬉しいな」

などと考えることも、基本的には「あの人を変えたい」という気持ちと同じです。

知り合いの女性で、母親の遅刻癖に悩んでいる方がいました。

「うちの母は、いつも待ち合わせに遅刻してくるんです。

それも娘の私との約束には、1時間くらい平気でいつも遅刻します。

最近は、待ち合わせ場所をカフェにしたり、約束の時間を早めに伝えたりして、あまり気にしないようにしているんですけれど……。できれば大遅刻の癖が改善されればいいのになぁと思うんです」

この女性が抱えている感情は、

「また遅れてきたらどうしよう、私の貴重な時間なのに……」

というような未来への不安です。

実はこのような場合、未来への不安にとらわれているために、その不安が求心力になって、その心配している現象が現実に起こってしまうことがあります。

つまり、この女性が母親に「また遅刻をしてくるんじゃないかしら。遅刻癖がなくなればいいのになぁ」と思うことで、この母親はそのとおりに遅刻をしてくるわけです。

ですから、この女性がすべきことは、不安な気持ちを赤ちゃんマインドになって手放すことが先決です（不要な感情を「手放す」には、マインドフルネス・ミラクルタッピング®が効果的です〈１６７ページコラム参照〉）。

その際注意してほしいことは、不安な気持ちを手放すというのは、「遅れても仕方ない」とあきらめるのではなく、「遅れても遅れなくてもいい」という状態になるということです。究極は、「母親が遅れて来ようが来まいが、それは問題ではない」と感じられる境地にまでなれるか、ということなのです。

さらにまた、この現象をもっと広い視野から見たとき、「遅れるということは、お母さんが生きていてくれるから」ということに気づけるかもしれません。

亡くなった人とは待ち合わせもできませんし、永遠に訪ねてくることはありません。生きているからこそ、遅れることができるのです。

「遅れてごめんね〜」といいながら、照れ笑いをする母親の姿を、生きているからこそ見ることができる。

この女性は、この事実に気がついたことで、母親に対してやさしい気持ちを抱くようになり、その結果母親も以前より時間に遅れることが少なくなられたそうです。

このように、感じ方やものの見方の変化を受け入れ、赤ちゃんマインドの状態に近づくことこそ、私が常々お伝えしている「自己受容が上がる」ということです。

自己受容とは、「自分のよい面も悪い面も含め、すべての面をありのまま受け入れている」状態です。ありのままの自分を認め愛している状態です。

自己受容ができるようになってくると、恐れや不安がなくなって、すんなりと他人にOKを出せるようになってきます。

もちろん、嫌なことをされたら、ムッとしたり、イライラすることは当然の反応です。

私だって、殴られたら「なにー」となりますし、並んでいる列に割り込みをされたらムカッとなります。

でもそのときの感情を引きずらない。赤ちゃんのような感じ方や行動を見本にしたら、「他人を変えたい」と思う気持ちは自然と出てこなくなります。

人は、生涯をかけてどれだけ赤ちゃんマインドに戻れるのでしょうか。
私自身もまだまだ赤ちゃんマインドには行き着いていませんが、生涯をかけてこの「赤ちゃんマインドに戻る旅」を楽しみに生きていこうと考えています。

もしすべての人が赤ちゃんマインドになれば、世界は一つになっていけるためです。
そうなった世界では、「他人を変えたい」という概念そのものがなくなっているはずです。
私はあなたと一緒に、そんな世界を見たいと思っています。

「どうして理想の人が現れないの?」と思ったら

「理想の人はどんな人かを50項目挙げてください」といわれたら、あなたは50個いえますか?
明確なオーダーと願望のあぶり出しが理想の人を引き寄せます。

オーダーがあいまいだと、いつまでたっても理想の人は現れない

「理想の人がなかなか現れないんです。どうすればいい人に出会えるでしょうか?」

よくそうおっしゃる方がいます。

そんなとき、私は「では具体的には、どんな人が理想なんですか?」とお聞きします。

すると、質問したご本人は「えーっと、やさしい人かな……」などと、困惑されてしまうことがたびたびあります。

そこで初めて、「理想の人」が自分にとって、具体的にどのような人なのか、今までしっかりと考えていなかったことに気づかれるわけです。

「理想の人」という言葉だけが先歩きしていて、実際の本人の考えはあまり具体的ではないようです。

これでは、「理想の人」はいつまでたっても「理想の人」のままです。

オーダーは具体的でないと通りません。

たとえば、ステーキレストランに行ったら、あなたはどんな料理が食べたいのかを考え、具体的に、サーロインステーキ150グラム、焼き方はミディアムレア、ソースはデミグラスで、などとオーダーをしますよね。

ラーメン屋さんに行けば、ラーメンの種類はもちろん、麺の硬さや、トッピングの有無など、細かい注文もプラスすることでしょう。

「理想の人」も同じです。

あなたの理想の人は、どんな顔でどんな髪型なのか、年齢やスタイルはどうなのか、性格はどうなのか、趣味は何か、お金や仕事はどうなのか……など、思いつく限り、細かく考え、明確にする必要があるのです。

オーダーを明確にすることで、初めてオーダーは通ります。そしてオーダーが通ればあとは運ばれてくるのを（理想の人との出会いを）ワクワクしながら待つだけです。その後はベストタイミングで運ばれてきます。あなたは理想の人との運命的な出会いを果たすのです。

嫌なことの裏側に、あなたの希望や願いが隠れている

このように、自分の理想を細かく考えるというのは、とてもおすすめなのですが、忘れてはいけない注意点が一つあります。

それは、理想だけでなく、**自分が嫌なことや、相手にしてほしくないことも先に明確に**

しておく、ということです。

これをやらないでいると、せっかく理想の人が現れて、めでたくおつきあい、結婚へと進んだとしても、しばらくして「こんなはずじゃなかった……」という状況になります。

そして、結局長続きしないことが多いのです。

私の知り合いの女性は、「顔は芸能人の○○似で、体格は細マッチョ。サッカーが得意で、スポーツ観戦が趣味。大企業に勤めていて海外を飛び回り、英語はペラペラで……」と、自分なりの条件を明確にして、理想的な人と夢のような結婚をされました。

彼女は、大好きな人といつでも一緒にいたいと思っています。

しかし、相手は出張も多く、仕事が忙しくてなかなか一緒に食事ができません。

次第に、二人の時間もゆっくり取れなくなります。

すると、彼女は気がつくのです。

「こんなはずじゃなかった！」と。

この「こんなはずではなかった！」を経験された方は、結構いらっしゃるのではないでしょうか。

ここで、彼女が事前にやっておく必要があったのは、「一緒にご飯を食べてくれない人は嫌」「二人の時間をゆっくりと過ごせない人は嫌」というような、**彼女自身の「嫌なこと」を明確にしておくこと**でした。

「理想の人だから」「好きだから大丈夫」という気持ちだけでは、長い目で見ると、結局長続きはしないことが多いようです。

ここまで読まれて、

「嫌なことにフォーカスしてしまって大丈夫だろうか？」

と不安になる方もいらっしゃるかもしれませんね。

でも大丈夫です。

安心して、嫌なことを考えてください（笑）。

なぜかといいますと、その嫌なことをそのままにせず、すぐに裏返してみればいいからです。

この「裏返す」というのが、まさに「裏技」なのです（笑）。

先ほどの女性の例ならば、「一緒にご飯を食べてくれない人は嫌」「二人の時間を過ごせない人は嫌」ということを裏返してみます。

一緒にご飯を食べてくれない人は嫌　↓　一緒にご飯を食べてくれる人が好き

二人の時間を過ごせない人は嫌　↓　二人の時間を過ごしてくれる人が好き

どうでしょうか。

裏返すことで、「一緒にご飯を食べてくれたり、二人の時間を大切にしてくれる、時間に余裕のある人」という、「新たな理想の人」の条件が出てくるわけです。

つまり、嫌なことを考えたら、そこにはフォーカスしたままにせずにそれらを裏返すだけでいいのです。

嫌なことの裏側には、あなたの希望・願いが隠れています。

これはマイナス思考ではなく、願望のあぶり出しです。

特に、「理想の人の条件がなんとなくしか思い浮かばない」という人は、まずはこの「嫌なことをリストアップする」という作業をしてみてください。

この作業を進めていくと、今までの理想の人とは違うタイプの人が浮かび上がってくることもあると思います。

そうすると、今までは気にもとめていなかったタイプの人や、すでに知り合っている人の中によさそうな人がいることに気がつくかもしれません。

このように、今までとは違った見方をすることで、出会いの確率は各段にアップしていきます。

嫌なことをリストアップすると、自分の本心に気づく

また、嫌なことのリストアップは、「理想の人」を見つけるためだけでなく、自分自身の本心を探るときにも大活躍します。

私は、会社を辞めて独立したときに、「これからは損得で働きたくない」と、「嫌なこと」を明確にしました。

これを裏返すと、**「本当にやりたいことだけを、心がつながる人たちと一緒に創り上げたい」**ということになります。

もしも「独立して、年収をアップさせたい」という理想の部分だけで思い描いていたら、独立して年収はアップしたけれど、激務でプライベートは一切なし、ストレスで身体を壊すという、本来の理想とはまったくかけはなれた展開だったかもしれません。

先に嫌なことをリストアップしてその裏側を考えるようにすると、自分が本当に望んでいること、やりたいことなどがクリアになり自分の本心に気づけるのです。
さらに、嫌なことの条件を先に外すことで、願いが叶う確率がアップしていきます。

ここであなたもイメージしてみてください。

あなたの手元に二つのボタンがあります。

一つは「1億円が当たる」ボタンです。
でも、もう一つのボタンは自爆スイッチになっています。
それを選ぶとあなたはこの世から消えてしまいます。

このような条件であなたはボタンを押しますか？

私なら押しません。2分の1の確率で死んでしまうわけですから。

では、自爆スイッチがどちらのボタンなのか、あらかじめわかっていたらどうでしょうか？

そちらを避けて、もう一つのボタンを安心して押すことができますよね。

1億円、大当たりです（笑）。

自爆スイッチは、あなたの嫌なこと・やりたくないこと。

1億円ボタンは、あなたが本当に望んでいること。

つまり、**嫌なこと・やりたくないことがわかっていれば、おのずと本心が見えてくると**いうことです。

さらに、押すボタンがわかっているので、迷うこともなくなります。

ところで、「嫌い、嫌いといってばかりいると、わがままに思われるのでは？」と疑問が出てくるかもしれませんね。

わがまま放題、全然ＯＫです！

自分の「嫌い」がわかる人は、本当はすごい人なのです。「嫌なことリスト」つまりは「わがまま放題リスト」の項目が多い人ほど、理想をより具体化することができるからです。

よく食事の最中にお子さんを、「好き嫌いをいってはいけません」としつけているお母さんがいますが、私は子どもが「これは嫌い」といったら、「嫌いがわかるなんて、えらい！」と褒めるようにしています。

特定の食べ物を残す子どもによく聞いてみると、アレルギーがあったり、身体に不調をきたすものを自然と避けている場合があります。そんな能力は子どものほうが高いようです。

そして、子どもが「どうして嫌いなのか？　味が嫌なのか？　食感なのか？　身体に不調をきたすからなのか？」を考え、反対に「今食べたいものはこれ！」とわかったら、さらに、「好きなものがわかるなんてすごい！」とまた褒めます。

好きなことより、嫌いなことのほうが思い浮かべやすいという人は、大チャンスです。

裏返して考えるだけで、すべてにおいて理想がわかる人なのですから。

そういうタイプの人は、**明確に自分の人生を創り上げていくことができる人**なのです。

嫉妬心が芽生えてしまったとき

嫉妬は、あなたにとって大切な感情の一つです。

嫉妬するということは、決して悪いことではありません。ただ、長い間その感情を持ち続けてしまってはいけません。

なぜ人は嫉妬してしまうのか

「嫉妬」という言葉に、あなたはどのようなイメージを持っているでしょうか。

「苦しい」「つらい」「ドロドロしている」など、ネガティブなイメージばかりで、よい印象を持っている人はあまりいないかもしれません。

嫉妬は、人生を振り返ったとき、貴重な経験であったと思えることもあるかもしれませんが、つらい感情を伴うことが多くて、できれば避けて通りたいものです。

ですが、**嫉妬も私たちの大切な感情の一つ。**
嫉妬のメカニズムを知ることで、うまくつきあっていくことができるようになります。

まず、**嫉妬には大きく分けて二つのタイプがあります。**

一つ目は、恐怖や不安がベースにある嫉妬です。

恋愛などで、恋の相手やライバルに嫉妬してしまうことは、よくあることですよね。
片思いの場合、ただシンプルに「あの人が好き」という思いなら問題はないのですが、好きすぎて、「どうして振り向いてくれないの！」という状態になってしまうと、相手は遠ざかってしまいます。

なぜなら、「どうして振り向いてくれないの！」という強い気持ちの裏には、「もし振り向いてくれなかったらどうしよう」という恐怖や「これだけ好きなのにどうしてわかってくれないんだ」という怒りがあるからです。

この恐怖がベースにある状態では、「あの人が好き」という純粋な気持ちより恐怖のほうが勝ってしまいます。

「好き」という光は強くなりすぎると、濃い影（嫉妬）を生み出すのです。

また、お金に困っている人はお金持ちの人に対して嫉妬します。

私も、昔はお金持ちの人にかなり嫉妬していました。

当時の私はお金が全然なくて非常に苦労していたのです。

未来への恐怖と、過去への悔しさと悲しみにとらわれていた当時の私は、心が「今」にまったくフォーカスできていませんでした。

まさに、マインドワンダリング（心の迷走）、つまり心が彷徨っていた状態でした。

「このままだったら年金も払えないし、老後の生活はどうしよう」「年金をもらうまでにあと30年もかかる……」など、心の中は恐怖と不安でいっぱい。そんな状態でした。

お金持ちの人に出会うと、「なんであの人だけお金がたくさんあるんだ！」という嫉妬が心の中に渦巻いていました。

このように、嫉妬の根本原因は恐怖や不安そして怒りなのです。「好きで好きでたまらない人」や「渇望しているお金」が手に入らないことを想像すると、恐怖や不安、怒りが生み出されます。

逆をいえば、恐怖や不安、怒りを手放したら、それらはなくなっていきますので、嫉妬も当然減っていきます。

では、この恐怖や不安、怒りを手放すにはどうしたらよいのでしょうか。

これが先ほどからお伝えしている、赤ちゃんマインドに戻るということなのです。

赤ちゃんは大好きなお母さんに、全力で笑顔を向けます。

お母さんが自分のことを嫌いかどうか、好きになってくれるかどうかは考えていません。

むしろ、お母さんの愛情を疑うということをしていないでしょう。

それほど純粋な気持ちで、全身で愛を伝えているのです。

赤ちゃんのような純粋な気持ちで、相手に自分の気持ちを伝えたら、うまくいっていない恋にも新しい展開があるかもしれません。

とはいえ、それでも叶わない恋も時にはあります。

でも、心が彷徨ってさえいなければ、嫉妬におぼれることなく、さらに素晴らしい次の出会いが訪れます。


お金の問題も同じです。

赤ちゃんは老後や年金のことを心配しているでしょうか。

お金持ちの人を見て、「あんな高級ブランドの服を着て～」と腹を立てるでしょうか。

赤ちゃんは、おなかがすいたら泣き、おなかがいっぱいになったら満足して眠るという、一瞬一瞬の気持ちに正直に、シンプルに過ごしています。

このように、未来や過去に思考を飛ばすのではなく、赤ちゃんのように、「この一瞬」

を生きるようにすると、自然と恐怖や不安が消えていきます。

そうすれば、お金に対する恐怖や不安がなくなりますから、徐々にお金の問題で困ることも少なくなってきます。

嫉妬の二つ目のタイプは、「恐怖や不安、怒りがない嫉妬」です。

今の私は、一つ目のタイプの「恐怖や不安がベースにある嫉妬」をすることはほとんどありません。

でも、思わぬところでこの二つ目のタイプの「恐怖や不安、怒りがない嫉妬」をすることがあります。

それは、「あぁ、あんなふうになりたいな」という憧れの気持ちに近いものかもしれません。

先日、私が主宰している講座で、講師育成の一環として、新人講師の方（笑った顔がとてもキュートな女性です）に、講座の前半部分を担当してもらったのです。

講座内容はもちろん、彼女は話がとてもうまく、ときどきユーモアを交えて何度も笑いを取り、会場を沸かせていました。

１回目に会場で笑いが起きたときは、「おっ、やるな！」という感じでしたが、そのうち、３回、４回、５回……と回を追って笑いを取るごとに、「ムッ」「モヤッ」とする感情が湧いてきているのに気がつきました。

関西人の私は、人が笑いを取っている姿を見ると嫉妬心が出てきてしまうのです（笑）。そこで気がついたのです、「そうか、自分はもっと笑いを取りたかったんだ」と。関西人の悲しい性です（笑）。

このように、**嫉妬は、本当にやりたいことをあなたに伝えてくれる場合があります。**

嫉妬はOK。でも長持ちはNG

ここで再認識しておきたいのですが、**嫉妬は決して不必要な感情ではないということです。**

むしろ、**嫉妬の後ろに隠れている自分の本音に気づくことができる、大切な感情の一つ**といえるでしょう。

嫉妬を含めた、マイナス感情とされる、怒り、悲しみ、妬み、恐怖というのは、私たちの感情を構成する大切なパートナーです。

本来は感情にいい・悪いはないのです。

ただ、これらのマイナス感情と呼ばれるものは、「ずっと味わっていると悪い作用がありますよ、だから早めに手放したほうがいいですよ」ということなのです。

たとえば、**嫉妬や恐怖の感情は、初速のエネルギーになります。**

「クソ～ッ」とライバル心が芽生えるから、がんばれるエネルギーが湧いたりすることがあるでしょう。

かつて火がなかった頃の時代、人間は動物を恐れていました。

そこでどうしたらいいだろうと考えて、動物に襲われないように火を使ったり、家をつくってみたりして、人間はどんどん進化してきました。

つまり、恐怖は次の進化への初速のエネルギーで、大きな原動力になり得るのです。

怒りや悲しみも同じです。

これらマイナスととられがちな感情は、あらゆる物事において、原動力になります。

あなたが目指す方向へ進めるのは、最初は怒りや恐怖、嫉妬という強いエネルギーがあるからです。

その強いエネルギーを使い切った後、新しいエネルギーに切り替わります。

新しいエネルギーとは、楽しい、ワクワクする、嬉しいといった、いわゆるプラス感情です。

たとえば、ロケットの発射のエネルギーをイメージするとわかりやすいかもしれません。初速は強いエネルギーで地上から飛び立ち、次の段階でその使い切ったエネルギー部分を切り離して、今度はフワーッと無重力状態に入っていきますよね。

そして、無重力状態に入った後は、軌道に乗るためのエネルギーに切り替わります。

この切り替えがうまくできなくて、ずっと初速のエネルギーが持続されてしまうと、「打ち上げ失敗」という最悪な結果を招いてしまうことにもなりかねません。

このようなエネルギーの切り替えは、私たちの中ででも起こっています。

エネルギーの切り替えができなくて、怒りや恐怖、嫉妬という強いエネルギーをずっと持ち続けていると、さらに大きな怒りや恐怖、嫉妬の感情を伴ったマイナスの出来事を引き寄せてしまいます。

このように、嫉妬というのは、とても大切な感情だということをおわかりいただけたと思います。

ですから、「人を嫉妬してはいけません。もっと心を浄化して、愛の人になるのです」というような、きれいごとをいう必要はないのです。

「嫉妬してもいいんだ」と、最初から認めてしまいましょう。

でも、その感情を長く持ち続けないようにしてくださいね。

「人（何か）を助けたい」と思ったら

「誰か（何か）を助けたい」と思っているということは、「この状況をなんとかしたい」「この状況は嫌だ」と感じているということになります。

実は、この感情が逆の効果を生み出してしまうのです。

人を助けたいという思いが困った人を生み出している!?

今、世の中には、いろいろな問題が起こっています。

それらを解決するために、さまざまなボランティア活動やチャリティーイベントなどが行われていますね。

私自身気持ちばかりですが、ボランティア活動やチャリティーイベントに携わらせていただいています。


昔から、このような活動は素晴らしいことだとされています。

実際にボランティア活動やチャリティーを行うことは、とても素晴らしいことですよね。ただ**「その際の感情や思い」に気をつけなければ、時として逆効果となる**ことはあまり知られていないようです。

特に**「誰か（何か）を助けたい」と考える思考には、注意が必要**だと思っています。

少し難しい話になりますが、最新物理学の一つである量子力学では、「観測することで初めてその対象物が現れる」ということが実験で証明されています。観測者、この場合は「誰か（何か）を助けたい」と思う人のことですが、観測者がいることで初めて、その世界が広がる、というのが量子力学的な考え方です。

あなたが「誰かを助けたい」と思ったとき、潜在意識下では「困っている人がいる」と認識しています。

すると量子力学的には、あなたが「困っている人がいる」と観測したことにより、その瞬間に困っている人が現実世界に現れるということになります。

たとえば『ドラえもん』の漫画の中で、のび太君が、「ジャイアンなんていなくなればいいのに」と思えば思うほど、ジャイアンに追いかけられてしまうシーンをイメージすると、わかりやすいかもしれません。


お金に困っている人がいる。なんとか助けてあげたい。

こう思っていると、その人はさらにお金に困った状態に陥ります。

または、新たにお金に困った人があなたのまわりに現れます。


たくさんの仕事を抱えてアップアップな状態な人がいる。なんとか助けてあげたい。

こう思っていると、その人はさらに多くの仕事を抱え込むことになります。

または、別のオーバーワークの人があなたのまわりに現れます。


「あっ、確かにこういうことあったかも」

と思った人もおられるのではないでしょうか。

この「仕組み」に気づくまでは、私自身そして私のまわりには「困った人」「助けてほしい人」だらけでした。

つまり、**「助けたい人」が現れた瞬間、その反対に位置する「困った人」も同時に現れる、**ということなのです。

にわかには信じられないかもしれません。
でも、これは量子力学の世界ではちゃんと立証されていることなのです。

「困っている人を助けたい」というのは、「あの人は困っている」と、その人のことを「ジャッジ」しているのかもしれません。

もっといえば、その人自身が困っているということかもしれません。困っている人を助けることで、「ありがとう」といわれて自分が癒やされたい。こう思っていることもあるからです。以前の私はまさにこの状態でした。

この状態のことを「共依存」といいます。共に依存し合う、ずーっと永遠に、「助けてください」という人をつくってしまうということなのです。

今の感情と同じ状況が引き寄せられる

また、「誰かを助けたい」「何かを改善したい」というときは、悲惨さやつらさ、恐怖などの感情を伴うことが多いという点にも注意が必要です。

すべての感情に、いい・悪いはありません。

ただし、感情は同じ種類の感情と同調する性質を持っています。

悲惨さやつらさ、恐怖などの感情をずっと持ち続けている人には、さらに悲惨さやつらさ、恐怖を感じる状況がやってきてしまいます。

以前、ＳＮＳ（ソーシャル・ネットワーキング・サービス）に動物が虐待されている画像を頻繁にアップして、「動物虐待をなくそう」と訴えていた女性がいました。

先ほどの量子力学的に考えると、こういう行動自体が実は動物虐待を増やしていることになります。

「虐待されている動物を助けたい」と認識することで、虐待されている動物が現れてしまうということですね。

私は、彼女に「やさしい気持ちはわかります。でもこのようなことはやめたほうがいいですよ」とお伝えしました。

彼女は動物保護のために善意で行動していました。決して悪意があったわけではありません。そのこと自体は、私は理解しています。

彼女はイメージが現実化する物理の法則を知らなかっただけのことです。

彼女は、私の話を聞いて「そんな話は初めて知りました」と受け入れてくれました。そして、すぐに記事を取り消しました。

その後、彼女にどんな変化が起こったと思われますか?

その当時彼女は恋愛で悩んでいたのですが、記事を取り消した後すぐに、悩みの種であった彼との間に大きなトラブルが起こって、別れることになったのです。

「このことが動物虐待反対記事の取り下げとなんの関係があるの？」

と不思議に思う方がいるかもしれませんね。

でも実は全部つながっているのです。


なぜかというとD＝PKだからです。

私は、D＝PKを、「願望実現の公式」または「引き寄せの公式」と呼んでいます。

これは拙著『引き寄せの公式』『引き寄せの公式2』（パブラボ刊）をはじめとする、「引き寄せの公式シリーズ」で詳しくお伝えしていますが、Dはドリームを意味しています。

ドリームとは仕事、お金、人間関係、恋愛、健康などすべてです。

PKはプライベート感情のことです。


D（仕事、お金、人間関係、恋愛、健康など）＝PK（プライベート感情）

つまり、今持っているプライベート感情と同種の感情を伴った仕事、お金、人間関係、恋愛、健康を引き寄せますよ、というのがD＝PKの公式なのです。

彼女は動物虐待をなくしたい、動物虐待は嫌だ、嫌だと考えていたわけですから、そのプライベート感情（PK）と同じような、嫌な気分になる恋愛（D）を引き寄せていたわけです。

動物虐待の写真をアップするのをやめたら、彼とうまくいかなくなって別れた。

一見、よくないことのように思えますが、これはいいことの予兆でした。

彼とは別れるまでいろいろと大変だった彼女ですが、その後すぐに新しい出会いがあり、今では幸せな恋愛を楽しまれています。

いいことが起こる前には大体嫌なことが先にきます。心の断捨離が起こるためです。

「強い光を当てると暗い影が先に現れる」ように、いいことが起こる前にはピンチや逆境が先に起こることが多いのです。

Ｄ＝ＰＫで考えると、動物虐待の写真を載せて続けていると、そのままズルズルと彼女はつらい恋愛を続けることになっていたかもしれません。でも、彼女はそれをやめました。そのことで恋愛までもが変わったのです。

今後は恋愛だけでなく、収入がアップしたり、楽しい仲間が増えたり、そのほかの面でも喜びが増えていくことでしょう。

すべては連動しているからです。

「もっと笑顔を見たい」と思えばいい

「ボランティア活動はよくないことなの？」

「それでも、誰か（何か）の役に立ちたい」

このように思われた人もおられることと思います。

誤解しないでいただきたいのですが、私は「ボランティア活動やチャリティー活動をしてはいけない」といっているのではありません。

「困った人を助けたい」という考えは、困った人を生むという物理学上の現実があるので、その場合は、**「もっと笑顔を見たい」**という気持ちで行動してみましょう、とお伝えしています。

「救おう」「助けよう」ではなく、

「もっと笑顔が見たい」

「もっと幸せな姿が見たい」

でいいのです。

動物虐待をこの世からなくしたいと思っている彼女の場合でしたら、「もっと自由に、のびのび、人とペットが共生できる社会をつくろう」

そう思い、活動されるといいのです。

つまり、その人自身が、どれだけ明るい方向を見ているのか、ということが大切なのです。

なぜなら、日々の明るい気持ち（ＰＫ・プライベート感情）が、あなたの楽しい現実（Ｄ・ドリーム）をつくっていくのですから。

人との縁が切れるとき

人との縁が切れたり、結ばれたりするのは、あなたの自己受容とお金が大きく影響しています。

ダメ出しばかりしていると縁が切れてしまう

あなたはよい人間関係に恵まれていますか？
あなたのまわりにいる方々とよいご縁を結べているでしょうか。
5年ほど前までの私は、すべてのことがうまくいっていませんでした。
人間関係にも恵まれず、親友と呼べるような仲のよい友だちはいませんでした。
「自分なんて」と卑下してしまう気持ちがいつも心にありました。

ですから、そんな私には友だちが寄ってこなかったのだと思います。

特に20代の頃は、だいたい1年半のサイクルで新しい友だちと仲よくなっては離れていくというパターンができあがっていました。

そして友だちとの縁が切れるたびに、「あぁ、またか」というあきらめの気持ちが積み重なっていきました。

縁の切れ方もさまざまで、なんとなく連絡を取らなくなって疎遠になることもあれば、だまされていたことがわかり、自ら強制的に縁を断ち切ったというつらい経験もしました。

今から思えば、この友だちの入れ替わりの早さは、私が「1年半で友だちが入れ替わる」と、勝手な思い込みをしていたのが原因でした。

そして、心の底には「また友だちが去っていったら、どうしよう」という不安な気持ちがありました。

この気持ちが呼び水になって、「どうせまた、すぐうまくいかなくなるだろう」という思い込みどおりの「短いサイクルで人間関係が入れ替わる」という状態が続いていたのです。

夢、人間関係、仕事、健康、お金などは、すべてプライベート感情が左右する「D（ドリーム）＝PK（プライベート感情）」というのが基本です。

今持っている感情がある一定量を超えると、同じ感情を増幅する出来事を引き起こします。これは量子物理学でいうところの「同じ周波数同士は引き寄せられる」共鳴現象です。

当時の私は悪い意味でのD（ドリーム：人間関係）＝PK（プライベート感情：また友だちが去っていったらどうしよう）が現実化していたといえるでしょう。

このように、私は人間関係にはかなり苦労しました。

でも、ここ5年は本当によいご縁に恵まれています。

形式的な友だちでも損得勘定での友人関係でもなく、「和の心を世界に広げたい」「世界が一つになる瞬間を一緒に見たい」という同じ想いで結ばれた、まさに心の友がたくさんいます（和の心については後ほど詳しくお話ししたいと思います）。

私はそんな「今ここにある幸せ」を深く味わい、それを「和の心」とともに一緒に広げてくれている心の友を「虹の仲間」と呼んでいます。本書を手に取ってくださっているあなたも、私にとって「虹の仲間」です。

人間関係が劇的に改善したのは、一生懸命に人間関係をよくしようと努力したり、収入が増えて世界が広がったからではありません。

また、英語に堪能な友だちもたくさんできましたが、私自身は「サンキュー」と「ハロー」ぐらいで、英語ができるようになったからでもありません。

私自身の能力や環境が変わったわけではないのです。

では、なぜよいご縁に恵まれるようになったのでしょうか。

私自身の**自己受容が上がってきたため**です。

自分のよい面も悪い面も含め、すべての面をありのまま受け入れている状態が自己受容している状態でしたね。

私がこの5年間で変わったのは、自己受容が上がっただけ。ただそれだけです。

「どうせあの人は、いつか自分のそばからいなくなってしまうだろう」
「自分がダメな人間だから、あの人とはうまくつきあえないだろう」
といった考え方は、まったくなくなりました。

自己受容ができるようになった私は、自分自身にダメ出しをすることがなくなったのです。

そして、自分を大切に扱うようになりました。

「どんな自分でもＯＫ」

そう思えるようになったのです。

自分を大切にできるようになると、人のことも大切に思えるようになります。

すると、同種のエネルギーを持つ、「友だちを大切にしてくれる友だち」が現れるようになったのです。

私は今、素晴らしいご縁に恵まれて生きています。

あなたも同じです。

「どんなあなたもOK！」

あなたは世界でたったひとりしかいない素晴らしい存在です。

あなたがそのことに気づき、自己受容をあと少し上げた瞬間に、素晴らしい人との出会いが起こってきます。

お金への不安が人との縁を切る

しかし、自己受容がある程度できるようになっても、人との縁は切れることがあります。

その原因の一つが、潜在的なお金への不安です。

「人間関係とお金？ あまり関係ないのでは？」

そう思われた方もいらっしゃるかもしれません。

かくいう5年前までの私もそのように思っていました。

信じられないかもしれませんが、**一見、人間関係と無関係に思える別な原因によって、人との縁が切れてしまうこともある**のです。

お金は人間関係に大きな影響を与えています。

「お金がなくなったらどうしよう」

「たくさん稼がないと生きていけない」

「お金はなかなかたまらない」

などという、お金への不安や「マイナスの思い込み」がきっかけで人間関係が悪くなることは、実は多いのです。

これは、**「感情は同種の感情を引き寄せる」**ということが原因になっています。

この場合は、「失うことへの不安」ですね。

お金に関して「お金がなくなったらどうしよう」と思っていると、人間関係に関して「友だちがいなくなったらどうしよう」という、同種の感情を引き寄せてしまうのです。

まさに数年前までの私がこの状態でした。

同様に、お金への不安は仕事、恋愛、健康などの不調の原因にもなります。

これらがうまくいかない原因が、実は「お金への不安だった」ということはよくあることなのです。

人間関係が変わってしまったとき

人は出会いと別れを繰り返しながら生きていきます。だから、人間関係が入れ替わるのはあたりまえ。別れの後には、必ず新しい出会いが待っています。

ステージが変わると人間関係も変わる

自己受容がある程度できるようになっても、人との縁が切れてしまう原因はほかにもあります。

私自身、会社員時代に仲のよかった友人とは、今はまったくといっていいほど接点がなくなりました。

当時の私は会社や仕事への愚痴を言い合う同僚と飲みに行ったりしていたのですが、数年前から愚痴をいうことはなくなったので、以前の同僚とは話がお互いにまったくかみ合わなくなったのです。

そのため、私から誘うことはなくなりましたし、声をかけられることもなくなりました。

このようにお互いの考え方が変わると、今までつきあいのあった人とのご縁はいったん切れてしまいます。

そしてその後に、同じ考えや向上心を持った人との出会いやご縁が訪れるのです。


今の私は、いいところも、ダメなところも含めて、

「どんな自分でもＯＫ」

と、自分自身をだいぶ認められるようになってきています。


私のまわりには、同じような状態の人が多く集まっています。

私はまだまだですが、私のまわりには大きく活躍されながら赤ちゃんのような天真爛漫な心を持たれている方が多いです。

しかし、このように人間関係に恵まれている状態でも、仲がよかった人と、急に関係性が変わってしまい、離れてしまうことがあります。

実は、これはステージが変わったために起こる現象であることが多いのです。

たとえば、ゲームで違うステージに進むように、自分のステージが変わると、お互いがその場にいられなくなり離れていきます。

もちろん、相手が先に違うステージに行ってしまって、自分がついていけない場合もあります。

これはどちらがいい・悪い、高い・低いの問題ではありません。

ただ単に、「違う」「合っていない」というだけです。

競争意識を他人ではなく自分に向けている人は、必ず進化していきます。

進化とは、ステージが変わることを意味しています。

その進化の過程で、人間関係の入れ替わりは避けられません。

私自身もいまだに人間関係の入れ替わりは続いています。

もちろん、昔ほどは多くありませんし、嫌なサイクルではありません。

この入れ替わりの中でも、よい関係が長く続いている人もいます。

そういう人たちは、私と同じペースで進化し続けている、真の友や同志なのだと思っています。

「魂が一緒なんだな」と、感じるのです。

ステージが違う人たちを、「ご縁のない、よくない人間関係だ」と考える必要はありません。

これは、音楽や映画など、趣味の違いと考えるとわかりやすいかもしれませんね。

ハードロックが好きな人は、ハードロック好きの仲間と集まります。

でもなぜかクラシックに目覚めてしまって、クラシックコンサートに行くようになると、今まで話が合っていたハードロック好きな人たちとはだんだんと疎遠になっていきます。

ハードロックが大好きな人に「クラシックではじけようぜ〜」といっても嫌われるだけです（笑）。

でもロックが悪くて、クラシックがよいなどという、「どちらがよい・悪い」ということはないですよね。

映画なら、ファンタジーが好きだったけれど、ホラーが好きになる人もいますし、反対にホラー好きだった人がファンタジーに夢中になってしまう、ということもあります。

このように、**人間関係は、くっついたり離れたりすることがあたりまえ**なのです。

あなたが成長したときに、同じステージではない人は、当然あなたから離れていきます。
また逆に、**一度離れてもまたステージが合ったときには、「再び出会う」ということもあるわけです。**
まさに「再会」です。

後味が悪い別れであっても気にしない

縁の切れ方にはいろいろありますが、うまくフェードアウトできずに、ケンカをしてしまったり、嫌な気分になったりと、後味の悪い思いをしたことがある方は結構多いのではないでしょうか。

そういう縁の切れ方をすると、「自分が悪かったのではないか」と罪悪感が出てきたり、「ステージが変わったとはとても思えない」というような不安が出てくるかもしれません。

それでも、どんなことがあっても私は「よし」だと思っています。

「すべては自分の責任」と考える人もいますが、時にはコントロールが及ばないことも起こります。

ただし、そのときに感じた感情は、自分で自己完結できるということは覚えておきましょう。

後味が悪い別れというのは、「後味が悪い」という事実があるだけです。

それを無視する必要はありません。

その際、「後味が悪い」状態が何日も続く、という人もいるかもしれませんね。

それは赤ちゃんマインド的に考えると、あまりおすすめはできません。

赤ちゃんは嫌なときは大声で泣きますが、翌日まで持ち越して泣き続けたりすることはありません。

ですから、その状態が数日続いていたら、**「心が違うほうに進んでいますよ」というサイン**です。

それでもまだこの「後味が悪い」感情を持ち続けたいというのであれば、それはそれでもＯＫです。

「まだこの感情を手放したくない」

ただそれだけです。

「まだこのぬいぐるみ（後味が悪い感情）と一緒にいたいよー」

こう思う人は、飽きるまで持っていていいのです。

どんな別れ方をしても大丈夫です。

別れ方についてあまり思い悩まないようにしましょう。

あなたにはベストのタイミングで新たな人の出会いやご縁が訪れるのですから。

新しいステージに進むと新しい出会いが待っている

もう少しステージについて話を続けてみたいと思います。

あなたが新しいステージに進むときは、まず先に人が離れます。

これが常です。

今までの人間関係に囲まれた状態で、次のステージの人があなたのもとに現れてくることはありません。

パジャマを着たままで外出用の服を着て出かける人はいませんよね。

パジャマの上からほかの服を着たら、モコモコになってしまいますから(笑)。

外出する(次のステージに行く)なら、パジャマ(今の人間関係)を脱いで、外出用の服(新しい人間関係)を着て出かけます。

もしくは、ロケットで考えるほうがわかりやすいかもしれません。

ロケットは、宇宙空間へ飛んでいくために、まず噴射装置部分を途中で切り離してからさらに上に飛んでいきます。

常に切り離しが先。

切り離すから、次の世界である宇宙空間が見えてくるのです。

ですから、後味の悪い別れがあっても、「私が悪かったのかしら」と思い悩むのではなく、「もしかしたら、これから新しい素敵な出会いがあるのかもしれない」と、考えてみてください。

先ほどもお話ししましたが、会社員時代の私は、同僚たちとよく飲み会に行ったり、旅行に行ったりしていました。

飲み会では、会社やプライベートの愚痴をみんなでしゃべり合って、憂さを晴らしていました。

でもあるとき、**「愚痴をいうとさらに愚痴を呼ぶ」**ということに気がつき、飲み会に参加しても「なんだか違うな」と感じるようになっていったのです。

私が会社を辞めた後も、お誘いがあったので何回か飲み会に顔を出しました。

でも、その違和感はぬぐえませんでした。
だんだんと疎遠になり、とうとうご縁が切れてしまいました。

その後、噂で「とみ太郎さんは変わった」といわれていたと聞きました。
当然、悪い意味でいわれていたのだと思います。

離れていくグループの人たちから、「次のステージに行ってよかったね」と応援されたのではなくて、「変わってしまった」といわれていたのです。
でも本当にこれはそのとおりだと思います。今の私は愚痴をいったり、聞くことは楽しくないのです。

それまで仲よくしてくれた人たちとの時間が楽しかったのは事実です。
そして今、新たな仲間たちとの時間も楽しいのも事実です。

人との別れの後には、必ず新しい出会いが待っています。

あなたも同じです。

あなたに悲しくつらい別れがあったとしたら、すぐそこに新たな素敵な出会いが訪れているのかもしれません。

コラム

「引き寄せの公式」と「和の引き寄せ」

「D＝E＋H－B^2」

「引き寄せ」という言葉をご存じでしょうか。

最近はかなり多くの人に知られるようになってきていますので、言葉は聞いたことがある、という方も多いことでしょう。もしくは、引き寄せが大好きでいろいろと試している方もいるかもしれません。

「引き寄せ」とは、あなたの望む現実を引き寄せることを目的としており、多くの人がさまざまな引き寄せ方法を提唱しています。

「引き寄せ」の方法としてよく知られているのは、「望んだものが現実化するので、欲しいものや夢をイメージしましょう」という「思考が現実化する」という考え方です。

しかし、私は長年、この方法に取り組んできましたが、なかなか現実化しませんでした。

ここ数年でわかったことなのですが、実は、「思考」は「引き寄せ」を起こすうえで確かに重要な要素ですが、**「思考」だけでは現実化しない**のです。

「引き寄せ」には、**感情を伴う思考が必要**だからです。

たとえば、「ダイエットするぞ〜」と決心（思考）しても、心の奥にある潜在意識と呼ばれる無意識の領域で「今回もどうせ無理」と思うと、ダイエットは成功しません。

これは、思考よりも潜在意識や「感情」が、表層の意識（「ダイエットするぞ〜」という思考）より優先されるためです。

つまり、**「感情が思考よりも現実化する」**のです。

そのようななか、「引き寄せ」を長年研究していた私がたどり着いたのが、**「引き寄せの公式®」**で、**「D＝E＋H－B^2」**というものです。

Dというのはドリームで、あなたの望む夢や望む現実を意味します。

Eはエネルギーで、心と身体のエネルギーです。

Hはハウ（HOW）で、「どうやって」という方法です。

そしてB^2とはブレーキの2乗で、「心のブレーキ」が二つあるということです。

「心のブレーキ」を二つ外すという意味です。

ここでいう二つの「心のブレーキ」とは、「行き過ぎたマイナス感情」と「マイナスの思い込み」です。

マイナス感情とは、「つらい」「苦しい」「イライラする」などネガティブな感情を指します。

もちろん、どんな感情もすべて、人間にとって必要なものですから、本来は感情によい・悪いはありません。

ただし、度を越した、つまり「行き過ぎた」マイナス感情をずっと持ち続けてしまうと、望む夢は現実化せず、望まない現実を連れてきてしまいます。

マイナスの思い込みは、「私なんてダメだから」「どうせ私は無理」などという自己否定です。

これらも望む現実の妨げになります。

この二つの行き過ぎたマイナス感情とマイナスの思い込みを外して、感情を常に「よい状態」にしておくことが望む現実を引き寄せるコツです。

この「引き寄せの公式」を簡略化したものに、**「D＝PK」**というものがあります。

本文でもご紹介していますが、Dというのはドリームで、PKというのはプライベート感情です。

日常のプライベート感情こそが、あなたの現実をつくっている、ということを意味しています。

つまり、望む現実を創造するためには、あなたのプライベート感情（日常的な感情）が「よい状態であること」が最も大切だということなのです。

和の引き寄せ

「引き寄せ」に関して、私が「引き寄せの公式」以外に独自にお伝えしているのが、**「和の引き寄せ®」**です。

「引き寄せ」には、西洋式の「洋の引き寄せ」と、日本人に合った「和の引き寄せ」があります。

「洋の引き寄せ」とは、狙いを定めて「たぐり寄せる」感覚の、ずばり「ザ・引き寄せ」です。

一方、「和の引き寄せ」は、もともと日本人がＤＮＡに持っている心です。

みんなで分かち合い感謝する、「いただきます」の心です。

「和の引き寄せ」は、自分だけの成功を求める「たぐり寄せる『引き寄せ』」ではありません。

私たち日本人は、「自分さえよければ」という考えで、他人を蹴落としてでも自分の夢を叶えたい、という思いでは、夢の現実化は難しいのです。

もし、一時的に夢が叶っても、その夢はすぐに立ち消えてしまうでしょう。

「自分の夢が叶ったときに、喜ぶのは自分だけでなく、他者も喜びに満ちている」、それが「和の引き寄せ」です。

あなたの夢や願いが叶ったときに喜んでくれるのは誰でしょうか。

その大切な方々の笑顔を想像すると、とてつもないパワーが起こります。

「人の幸せを自分のことのように喜ぶ」ことが、あなたの引き寄せ力を飛躍的に加速してくれるのです。


「エゴのある夢より、ハートのある和の夢が叶う」

これが「和の引き寄せ」なのです。

第2章

自分自身の悩みを見つめ直す

なぜ、あなたは欲しいものが手に入らないのか

あなたの望みが叶わないのは、「欲しいもの」を追い求める背後に、恐怖や不安という感情が隠れているか、「好きでたまらない」という行き過ぎた感情があるか、そのどちらかが原因です。

なぜ物事は追いかければ追いかけるほど逃げていくのか

よく恋愛であるパターンなのですが、好きな人を追いかければ追いかけるほど、相手は逃げてしまう「追いかければ逃げる」という法則があります。

「恋愛には興味ないんだけどなぁ」

という方は、この「恋」というテーマを「お金」「夢」「健康」など興味のあるものに置き換えてみてください。

「一生懸命に働いているのにお金がたまらない」

「夢に向かって努力しているけれど叶わない」

「痩せたいけれど痩せられない」など……。


このように、「追いかければ逃げる」という法則は、恋愛に限らず、あらゆることに当てはまります。

では、なぜ物事は「追いかければ逃げる」のでしょうか。


私も昔は、いろいろなことを追いかけていました。

若い頃は、彼女が欲しかったですし、お金やモノなど物質的なものも手に入れたくて必死にがんばっていました。

でも、どれもなかなか手に入れられず、イライラしたり、落胆してばかりの毎日でした。

そのうち大きな病気が判明し、今度は「死にたくない！ 健康になりたい！」と思い始めたり……。

当時の私は「あれが欲しい、これが欲しい」と、常に欲しいものを追いかけていました。
そして、一生懸命に追いかければ追いかけるほど、まったく何も手に入りませんでした。
むしろ悪化の一途をたどっていました。

その当時はわかりませんでしたが、今ならその理由は簡単にわかります。
私はいつも「お金が足りない、彼女がいない、健康じゃない……」と、「自分に足りないもの」を「欲しい」と望んでいたからです。

実は、「足りない」という思いの後ろには、「足りないと困る」「足りないから不安」「持っている人はいいよね」というような、恐怖や不安、怒りや嫉妬などの感情が隠れている場合がほとんどです。

先ほども登場しましたが、D＝PKという公式がありましたね。

D(仕事、お金、人間関係、恋愛、健康など)＝PK(プライベート感情)

これを当てはめてみると、私が欲しいものを手に入れられなかった理由がよくわかると思います。

イライラしていると、イライラするものが引き寄せられます。

量子物理学でいうところの同じ周波数同士のものは引き寄せ合う共振現象が起こるのです。

私の場合でいえば、「お金が足りない、彼女がいない、健康じゃない」状況にイライラしたり、不安になっていたわけですが、その状況がますます引き寄せられ、現実化していたわけです。

望んでいるのは「足りない」という状況ではないのに、私は結果的に「さらに足りない」現実を引き寄せてしまったのです。

だから、欲しいものを一生懸命追いかけてもそれらは逃げていっていたのです。

欲しいものや得たいもの、夢や願いを叶えるには「手に入らなかったらどうしよう」という不安やイライラする気持ちを手放すことが最も大切です。

それらを手放すと「手に入っても入らなくても大丈夫」という境地になっていきます。

そうなると手に入るのです。

まずは「今ここにある幸せ」に目を向け、幸せ感を味わうことが近道となります。

バランスの崩れた過度の感情は恐怖と不安を招く

また、「追いかければ逃げる」理由として、感情のアンバランスさも考えられます。

たとえば、恋愛の場合ですと、極論でいえば、「追いかければ逃げる」のは、追いかけるほうがストーカー状態になってしまっているということです。

「あなたは、ストーカーをされて嬉しいですか？」ということです。

「すごく嬉しい！」という方はほとんどおられないはずです。

「好きです」といわれて振り向いたら、すぐそこにストーカーの顔があったら、あなたは一目散に逃げませんか？

「暮らしを見つめるライオン」ならいいのですが、あなたをじーっと見つめるストーカーというのは怖くないでしょうか。

つまり、「度を超して追いかけている」ということなのですね。

ストーカーは、相手のことが好きすぎるのです。

「好きすぎる」という過度の感情があるとき、どのようなことが起こるのかというと、必ず「対極の感情」が引き出されます。

「この人が好きになってくれなかったらどうしよう」「ほかの人と一緒になったらどうしよう」という、恐怖や不安、怒りや嫉妬などの感情です。

そして、このストーカー状態の裏には、先ほどご説明した「足りない（相手に愛されていない）」という気持ちが隠されているのです。

これは恋愛の話に限りません。
私はスターバックスコーヒーのカフェラテが大好きなので、ほぼ毎日お店に通って幸せを味わっています。

ところが最近、講演などで初めての場所に行くことが多くなり、出かける前に、ふと「今度の講演先にスタバを見つけられなかったらどうしよう……」という考えが頭をよぎるのです。

これはもう、スターバックスを好きすぎることからの不安ですね。
毎日スタバのカフェラテを飲まないと不安になってしまうのです（笑）。
もちろんこの程度の「好き」のレベルは大丈夫です。

好きすぎるという状態は恐怖と不安を生みます。
好きが高じると嫉妬が生まれます。
さらには「なくなったらどうしよう、それは困る！」という怒りまで湧いてきます。

このように、強すぎるプラス感情があったとき気をつけないといけないのが、**「光と影の法則」**なのです。

太陽の光（プラス感情）が強ければ強いほど影（マイナス感情）ができますから、「影も一緒に現れていますよ」と、気づく必要があるのです。

もし、その影（マイナス感情）に気がついたら、「あっ、感情のバランスが崩れているな」と意識して、「好きすぎる状態になっていないか」と、確認してみることをおすすめします。

こうすることで、影が消え、感情のバランスが整っていきます。

物事の選択に迷いが生じたら……

どちら（どれ）を選んだらいいのか――悩むとき。
そういうときはあなたの感情に従ってください。

「やりたいか、やりたくないか」の感情を基準に選択する

物事を選択するとき、昔の私は「損か、得か」で動いていました。
そして、「こっちが得なはず」として選んだ結果、結局は損をしていた、というようなことも多くありました。

今の私は、「どちらをやりたいか、やりたくないか」、別の言い方をすれば「ワクワクするか、しないか」という感情を基準に選ぶようにしています。

たとえば、私は多額の講演料を提示されたとしても、気持ちが向かなければ、お断りしてしまいます。

先日も、ある方から東京での講演会のオファーをいただいたのですが、その日に大阪で別の講演会が重なっていることが判明しました。

大阪の講演会のほうは、ボランティア講演会で、皆が会場費を出し合って会を運営するため、私も無報酬での参加が基本です。

一方、東京の講演会のほうは、かなり高額の報酬を提示されました。

以前の私でしたら、生活がかかっていますから、即座に東京の講演会のほうを選んでいたことでしょう。

でも、今回「どちらを選ぼうか？」と思った瞬間に、いつも私が大切にしている赤ちゃんマインドのことが、ふと頭に浮かんだのです。

私の脳内には、赤ちゃんがたくさん出てきて、自由に動き回っているイメージが湧いていました。

お気に入りの場所を見つけたら、ニコッと笑う赤ちゃんもいれば、急にプイッと場所を変えていなくなってしまう赤ちゃんもいて、**赤ちゃんたちはとにかく自由**でした。

こんなイメージが瞬間的に私の脳内に繰り広げられた後、**「あぁ、もっと自由でいいんだ！」「損か得かではなく、やりたいかやりたくないかだ」**と強く感じたのです。

そして、テーマが興味深かった大阪の講演会のほうをお受けすることに決めたのです。当日の講演会はかなり盛り上がって、私自身も楽しい時間を過ごすことができました。

このように、私は今、**感情をナビゲーションにして選択をする**ようにしています。

ただ、このような選択ができるようになるまでには、かなりの紆余曲折があったことも事実です。

まず、自分のことがわかっていなかったり、認められなかったりすると、自分がどちらにより興味があるのか、やりたいのかやりたくないのかなど、自分で自分の本音がわからない、という状況に陥ります。

これでは、感情をチェックするどころではありません。

ですからまずは、私がお伝えしている「自己受容」ができているかどうかが重要です。

ありのままの自分を認めているかどうか、ということです。

「できているところも、できていないところも含めて自分は自分。それでよし」と、自分へOKを出せているということが、感情のナビゲーションの必要条件なのです。

自己受容が低いと、選択の際に「うまくいかなかったらどうしよう」「後悔するのではないか」などと、未来への恐怖や不安が出てきます。

そして、出てきた恐怖や不安が増大して、ますます混乱してしまいます。

これでは、何を選んだにせよ、膨れあがった恐怖や不安が引き金になって、結果的に同じような恐怖や不安を引き寄せてしまうでしょう。

よりよい選択をするためには、これらの恐怖や不安を先に手放すことが必要になります（この手放す方法につきましては、拙著『引き寄せの公式』『引き寄せの公式2』〈パブラボ刊〉に詳しく書いてありますので、そちらをお読みいただければと思います）。

損か得かではなく、直感にゆだねてみる

では、ある程度自己受容ができてきている人、自分にＯＫをかなり出せている人は、どうでしょうか。

自分の自己受容度が今どれくらいなのか、客観的な判断はなかなか難しいのですが、この本を手に取ってくださる読者の方の中には、ある程度までの自己受容ができている方もいらっしゃるのではないかと思っています。

自己受容ができているかどうかがわかる簡単な方法があります。

「自分の短所リスト」を書き出す方法です。

たとえば、「英語が話せない」「方向音痴で道にすぐ迷う」「『和食』といわれると牛丼の吉野家しか浮かばない」等々。ちなみにすべて私のことです（笑）。

以前の私は、そんな「自分の短所リスト」を見ると「あ～ぁ」と落ち込んでいました。自己受容が低いので短所を自分で書き出してもため息が出るのです。

今は違います。

「自分の短所リスト」を見ると笑えてきます。

あげくの果てには「まだ伸びしろがあるなぁ」と思ったりもします。

伸びしろがあるかどうかは不明ですけれど、ため息をついたり落胆したりはまったくなくなりました。

これが、自己受容が上がった証です。

自己受容が低かった数年前までの私は、「欠けていること」「できていないこと」ばかりにフォーカスをして落胆していました。

でも実際にはおかしな話です。

たとえば、ペットボトルのお水は手軽でおいしいですよね。

「あ～おいしいなぁ」本来ただそれだけでいいのです。

「このペットボトルは動けないんだな、かわいそうに」と思う人はいないはずです。


赤ちゃんだって同じです。

生まれたての赤ちゃんは自由に動くことさえできません。

なすがまま、されるがまま状態です。

でも「あぁ、自由に動けないなんて、僕は世界一不幸な赤ちゃんだ。不幸オブ不幸赤ちゃんだ～」なんて思う赤ちゃんはいません。


ペットボトルはペットボトルのままで、赤ちゃんは赤ちゃんのままで完璧なのです。あなたも同じです。

そのことにただ「気づく」ことが自己受容を高めるコツです。

自己受容が高まったら、その後は損か得かではなく、直感にゆだねてみることをおすすめします。

私自身はいつも直感で動いています。
大きなプロジェクトに関する重要な選択でも、数分で決まることも珍しくありません。
計算はまったくせず、直感に頼っていますが、ほぼ外したりすることはありません。

普通でしたら、段取りをしたら次の段取り、そしてまた段取り……と、結果が出るまでに膨大な時間とコストがかかりますが、直感に従った選択はあっという間に最善の結果を導き出してくれます。

直感というと、まるで自分で判断していないように聞こえるかもしれませんが、私のいう直感とは、「あっ、なんとなくいいいな」というワクワクした感情を基準にしたものです。
「こちらを選びなさい」という神様の声が聞こえてくるという人もいますが、残念ながらそのような声は私には聞こえません。

ですから、私は自分の「感情をもとにした直感」を使うのです。

感情は正確なナビゲーションだからです。

たとえば、「AとBどちらにしようかな、Aはうーん……話としてはすごくいいのだけれど、うーん……」というような場合、「Aは違うよ」というサインです。

もしくは先ほどの講演会の話のように、「ほとんどお金が入ってこないAに比べて、Bはお金がすごく入ってくる。だけどAのほうが面白そう」という場合、Aを選べばお金には代えられない素晴らしい出会いなど、必ずいい結果をもたらします。

量子物理学でいうところの「同種の感情は共鳴し合う」という法則から考えると、お金に悪印象さえ抱いていなければ「幸せなお金」も自然と引き寄せられてきます。

直感と思い込みは紙一重

直感で選んだり、動いたりすることをおすすめしてきましたが、注意していただきたい点があります。

直感と「その場の思いつき」は紙一重だということです。

嫌なことがあったときに、ふと、「よーし、仕返ししてやろう！」というような考えが浮かんだら、これは直感ではなくて、その場の思いつきです。

「今日は雨かぁ、仕事に行きたくないなぁ。そうだ！　ずる休みをしよう」これも直感ではなくその場の思いつきによるものです。

こういうその場の思いつきをしてしまう人は、まだ「自分はダメだ」という思いが強く、自己受容がまだ少し低い状態にある人です。

「ダメなところもあるけれどまあＯＫ」「こんな自分でもまあいいかな」というような、自己受容が半分以上できている人は、基本的に直感を受け取る準備ができています（半分以上という基準は、簡単にいえば、いろいろ思い悩んだ際、10回に5回は「まあいいか」と思える、みたいな感じです）。

そして、脳波がマインドフルネス状態のミッドアルファ波であることも必要です（167ページコラム参照）。

私は今、ある程度自分を認めることができていると自負していますが、誰かに右の頬を叩かれたら、「左の頬もどうぞ」と差し出すほどの境地には至っていません。

やはり、痛いですから、「くそ〜」と思ってしまいます。

ただ、そんなときに「悔しいから仕返ししてやる」と直情的な行動に走ってしまうことはありません。

それは本当の直感ではないのです。

それはやってはダメだということです。

それは直感ではなく、その場の思いつきによるものです。

この直感とその場の思いつきの区別をつけられるようになると、物事は非常にスムーズに進みます。

直感はモヤッとしたものではなく、ピーンと心にまっすぐ入ってくるような感じであなたのもとにやってきます。

この直感を受け取れるようになると、何事も迷いがなくなります。

しかも、あっという間によりよい結果へと導かれていきます。

「そんなことをいわれても、私には少し難しいのでは……」

と不安になってしまった方もおられるかもしれません。

不安になる必要はありません。

何しろ、５年ほど前までは、私はかなりのダメダメ人間だったのですから。

「ダメ人間コンテスト」があったなら、当時の私はかなり上位入賞しているはずです。

それが、今では選択に迷わない域にまでたどり着けているのです。
すでに自己受容がある程度できている人でしたら、私よりはるかに早くその域に到達できるはずです。

まずは、直感に従って選択するということを始めてみましょう。

「考えるな、感じろ」
私の大好きなブルース・リーの言葉です。

自分は自分、人は人という生き方

人と自分を比べながら生きるのは苦しいですよね。
どんなに人と自分を比べてもあなたはその人にはなれません。
こんな無意味でつらいことはもうやめませんか。

人と比べるのをやめると心が軽くなる

なんだか毎日がスッキリしない。
将来に漠然とした不安がある。

今の時代、このように思われている方は多いのではないでしょうか。かくいう私自身、数年前まではそんな状態でした。

その理由は、「人と比べている」からなのかもしれません。

人と比べていると、自分の欠点ばかりに目がいってしまうようです。

人と比べることによって、

「自分はダメだなぁ」

「あの人はできているのに、自分はできていない」

などと思ってしまいます。


他人と比べる、比べられる。

これは一番きついことです。


その気持ちの積み重ねが「自分なんて」となってしまいます。

自己受容が低下してしまうのです。


ありのままの自分を認めるということは、**「ほかの人と比べる生き方をやめる」**ということです。

人と自分を比べているときは、自分自身の足りない部分、持っていない部分に目を向けています。

これを続けると、永遠に「自分自身の足りないところ探し」をすることになります。

あなたは人と比べたり、比べられる理由はありません。

変わる必要もありません。

無理にがんばることも不要です。

かつて赤ちゃんだった頃のあなたに**「戻る」**だけでいいのです。

「比べる」対象は他人ではなく、自分自身です。

昨日の自分より少しでも前向きで成長していればいいのです。

「昨日の自分に比べて今日の自分はどうだろう」

毎日１回はそんなふうに自分自身に問いかけてみてください。

「どんなふうにイメージしたらいいかがわからない」

そのときは、赤ちゃんを浮かべてください。

赤ちゃんはありのままの達人です。


「今日は人と比べることが少なかった」

「『今この瞬間』に集中できた」

「新しいことを学んだ」

そんなふうに思えたなら、あなたも「昨日のあなた」より成長しています。


ありのままの自分を認めること。

人と比べないようにすること。


それだけで心が軽くなり、毎日が楽しくなります。

ありのままの自分を認めると、どんどん可能性が開いていきます。

「〇〇がないからできない」ではなく、「自分には何ができるんだろう」ということに意識が自然と変わっていきます。

「競争する」のではなく「共創する」

人と比べると競争心が芽生えます。

競争心が強くなりすぎると時として人を蹴落とすようなこともあるかもしれません。

でも、そうやって手に入れたものは、また同じように奪われてしまいます。

「倍返し」されてしまうのです。

たとえお金持ちになっても、「もっと上がいる」「もっとお金が欲しい！」「なくなったらどうしよう」と常に不安がつきまといます。

欧米で成功されている方は、競争をされてきた方たちが多いのかもしれません。

でも、あなたは人に勝つために、人を蹴落とすために生まれてきたのではないはずです。

高額納税者公示制度（長者番付）12年間連続10位以内に入られている斎藤ひとりさんも、常々「天を味方にしないといけないよ」といわれています。

「天を味方にする」とは、自分だけの幸せを追求するのではなく、お客様、地域社会、地球全体にとっての喜びや幸せの種をまくような仕事や行動を起こすことです。

もし斎藤ひとりさんが「売上が一番！」、そんなふうに考え行動されていたら、天が味方をすることはなかったことでしょう。

「競争」とは、ライバル会社を蹴落とすようなことではなく、自分との競争なのです。

ソフトバンクグループ代表の孫正義さんは、東日本大震災が起こった際に、個人資産から１００億円ものお金を寄付されました。

ここにも「和を以て尊しとなす」の、共に創り上げる「共創」の心があります。

真の成功者は、自分の利益や恩恵だけで動くことはありません。
夢が叶ったときに、自分はもとよりまわりの人も幸せになっていることを常に念頭に置かれています。

ですから、このような人たちは、「競争」ではなくて、「共創」してきたのだと私は思っています。

私自身、自分のことを斎藤ひとりさんや孫正義さんと「比べる」ことはありません。
比べることは無意味だからです。

斎藤ひとりさんは斎藤ひとりさん。
孫正義さんは孫正義さん。
私は私ですから。
あなたも、あなたです。

幸せは「ありのままの自分を認め愛する」ことから始まります。

人を褒めると起こること

人を褒めるという行為は、あなた自身の気分もよくしてくれます。
人をけなすという行為は、あなた自身の気分も悪くしてしまいます。
どちらのほうが幸せを引き寄せると思いますか？

あなた自身が楽しい気分になる「陰ホメ」のすすめ

「陰ホメ」という言葉をご存じでしょうか。

「陰口」はその人がいないところで悪口をいうことですが、「陰ホメ」はその反対で、**その人がいないところで、褒める**ことです。

「え～っ、そんなの意味あるの？　本人が聞いてないのに？」

と思う方もいらっしゃるかもしれませんね。

でも、意味はあるのです。

意味があるというより、あなたに絶大な恩恵をもたらしてくれるのが、陰ホメです。

まずは、誰でもいいので、あなたが褒めたい人を選んで、その人のいないところで、陰ホメをやってみましょう。

「その人のいないところで」というのがポイントです。

できれば複数の人と、その場にいない人のことを褒めてみましょう。

その際、褒める内容が、おべっかをいったり、ゴマをするようでは意味がありません。「相手からよく思われたい」などとは考えずに心から褒めてみるのです。

難しく考えずに、その人のいいところをいくつか話題に出すだけでもＯＫです。

人を褒める話をしているとなんとなく楽しい気分になってきます。

たとえば、あなたの大好きなアイドルやタレントについてファン仲間と、ワイワイしながらアイドルの魅力について語り合っているとき、あなたは「なんだかとってもハッピー！」という気分になるはずです。

つまり、陰ホメはあなた自身も楽しい気分にしてくれるのです。

そして、この「なんだかとってもハッピー！」という感情こそが、ポイントです。「D（ドリーム）＝PK（プライベート感情）」で、**感情がすべての求心力**ですから、この楽しい気持ちが、陰ホメのおまけとして、あなたにも予期せぬ嬉しい結果をもたらしてくれます。

その際注意していただきたいのは、嬉しい結果は、あなたが褒めていたジャンルとは同じとは限らないということ。

恋愛や結婚のことで誰かを褒めるとなぜか仕事がうまくいったり、お金の流れがよくなったり、健康になったりなど、違うジャンルにいい結果が出る場合もあります。

もちろん、同じ恋愛や結婚でいいことがあったり、もしくはそれらと同時並行で、恋愛と結婚にプラスして、仕事やお金、健康でもいいことがあるかもしれません。

陰ホメのおまけが嬉しい結果をもたらす

「陰ホメ」のおまけは、特に同じジャンルに関しては、強烈にその結果が出てくる場合もあります。

たとえば、あなたが結婚相手を必死で探しているときに、今まで独身仲間のひとりだった友だちから結婚報告が届いたとします。

あなたはほかの独身仲間と集まって、おしゃべりをしているとき、次のどちらの言葉を発するでしょうか。

① 「○○さんは性格もいいし、料理も上手だし、きっとすてきな奥さんになるよね！」

② 「ひとりで抜け駆けするなんてズルい！　結婚はまだまだ先っていっていたのに」

①は陰ホメ、②は陰口（悪口）です。

①のタイプの方は、陰ホメのおまけがついてきますから、いずれ幸せな結婚をされる可能性が高まります。

対して、②のタイプの方は、残念ながら、さらに結婚を遠ざけてしまう可能性が高まってしまいます。

今度はお金の例です。
お金をたくさん持っている人に対して、あなたはお友だちとおしゃべりをしているとき、次のどちらの言葉を発するでしょうか。

③「あの人はすごい努力をして今の生活を手に入れたんだよね。すごいよね！」
④「あの人はお金をいっぱい持っていていいよな……なんだか気にくわない」

③は陰ホメ、④は陰口（悪口）です。

③のタイプの方は、今後お金の流れがよくなる可能性が高いです。

対して、④のタイプの方のところには、お金はますます寄りつかなくなってしまうかもしれません。

あなたはどうでしたか？

「結婚なんて」「お金なんて」とマイナス感情を持って陰口をいっていると、それらを遠ざけてしまうのです。

「結婚おめでとう！」「お金持ちってやっぱり素敵～」などのよい感情を持って**陰ホメをすると、あなたにも同じジャンルか、それ以外のジャンルでも同じよい感情を味わえるような素晴らしいことが次々と起こってきます。**

実際にやってみるとわかると思いますが、「人を褒める」ことは、すごく気持ちのいいことです。

そのため、私は友だちと一緒に「陰ホメ会」をつくって活動しているほどです（笑）。

本人のいないところで出る話題は陰口になることが多いかもしれませんが、私たちの会は、陰口会ではなくて陰ホメ会なので、話題は「陰ホメ」ばかりです。

陰口よりも陰ホメ。


せっかく皆で集まっているのですから、いい気分になりたいですよね。

そしてこの陰ホメ会、すごく盛り上がります。褒められている本人はいないのですけれど（笑）。

陰ホメを習慣化すると、あなたの人生はさらに好転してきます。

ぜひ試してみてくださいね。

あなたは思いどおりの人生を歩んでいる

仕事、人間関係、お金、健康、夢……。あらゆることがあなたの「思い込み」どおりに流れていきます。
「思いどおり」と「願いどおり」は違うのです。

そう思うから、「そのとおり」の結果となる

あなたは思いどおりの人生を歩んでいます。

「思いどおりだったら、こんな人生じゃないよ」
そんなふうに思われた方もおられるかもしれませんね。

でも、人生は思いどおりなのです。

「私はいくら食べても太らないんです」

そういわれる方は、たくさん食べてもスリムです。

「代謝が悪くて水を飲んだだけでも太るんです」

そういわれる方は、お水を飲んでも太られます。

「人間関係は良好だけど、お金だけは入ってこなくて……」

そういわれる方は、人間関係はよいのですが、お金の流れはあまりよくありません。

「私は時間の管理ができなくて……」

そういわれる方は、遅刻が多かったり、締め切りをなかなか守れないようです。

もうお気づきですよね。

人は思ったとおりの人生を歩んでいるのです。

「私はツイてない」と思えば、ツイてない人生を。
「私はツイてる」と思えば、ツイている人生を歩むことになります。

「願いどおり」ではなく、「思いどおり」の人生を、あなたは歩んでいるのです。

お金がないから「お金が足りない」と思うのではありません。
「お金が足りない」そう思うから、「そのとおり」の結果となるのです。

プラシーボ（プラセボ）効果という言葉を聞いたことがあるでしょうか。
プラシーボ効果とは、偽薬効果とも呼ばれ、薬効のある成分が入っていない薬（偽薬）を投与したにもかかわらず、病気が快方に向かったり治癒することをいいます。
思い込みの力が状態を変化させることなどを意味するときにも使われたりする言葉です。

生物学者ブルース・リプトン博士が書かれた『「思考」のすごい力』（ＰＨＰ研究所刊）という本には、外科手術にはプラシーボ効果はないと信じている医師が、手術による実験をした話が載っています。

ひざに問題を抱える患者さんを三つのグループに分け、二つのグループの人には実際に外科治療をし、残りのグループの人には、切開はしましたが、何もせずに閉じるという手術を行いました。何もしなかったグループには、実際に外科治療をするかのように、まったく同じ手順（術中もそれらしい音を患者さんに聞かせたりした）を踏んだそうです。

結果はどうなったかといいますと、切開しただけで何も治療しなかったグループも、実際に外科治療を受けたグループと同じ効果、治癒が見られたそうです。

手術によってひざが治ったのではなく、「手術をしたから治った」、つまり思い込みによって治ってしまったと解釈できるとその医師は仮説を立てています。

仕事、人間関係、お金、健康、夢……。

それらが、あなたの「思いどおり」に流れていくのです。

「願いどおり」ではなく、「思いどおり」の人生をあなたは歩んでいます。

あなたが「マイナスの思い」を捨て、「プラスの思い」に変えたなら、あなたの願いと思いは合致していきます。

そう、あなたは「願いどおり」の人生を歩めるのです。

マイナスの思い込みが外れたらあっという間に人生が変わる

人生はすべて思い込みです。


人生がうまくいっていない人は、「マイナスの思い込み」をしている方が多いようです。

それが思いどおりに叶っているのが現実です。

だから、うまくいかないことが多いのです。


もし、この**マイナスの思い込みを外すことができれば、あなたは願いどおりの人生を歩むことができます。**

するとあっという間に、望んでいたワクワクの別人生がスタートします。

マイナスの思い込みが外れたら人生は、その瞬間から好転していきます。

そして、**思い込みを外すスイッチをあなたは、ちゃんと持っています。**

たとえば、「ニタニタ妄想」をして、得たい未来をイメージしてみてください。

「ニタニタ妄想」とは、夢が叶ったときの姿を自身のみならず「まわりの幸せ」も入れながらニタニタと妄想することです。

ポイントは「ニタニタ」しながらすること。

ニコニコ爽やかでなはく「ニタニタ」がポイントです。

「ニタニタ」しているときは、脳波はリラックス状態であるミッドアルファ波となっています。この脳波の状態では、夢が現実化しやすくなることがわかっています。

私の経験上、「強く」願えば願うほど、マイナスの思い込みは強くなってしまいます。

どういうことかといいますと、強く願っているときは、力が入っていて、感情では「くそ～」という怒りに似た感情となるからです。

「できなかったらどうしよう」という気持ちがあるから、「強く」願ってしまうのです。

「願いどおりではなく、思いどおり」

このことを理解しておくと、「できなかったらどうしよう」と「思っている」と、そのとおりの「できない未来」が現実化されてしまうのです。

このことは最新の量子物理学でも証明されています。

感情は求心力となりますので、結果として「くそ～」という感情が増幅する出来事が起こるのです。

つまり、叶えたいこととは逆の状況が起こるということです。

それに対して、ニタニタと妄想すると、肩の力が抜けますから、「くそ～」という気持ちや不安でいっぱいになることはありません。

私はたくさんの方のお力添えとご縁をいただいて、２０１６年７月に韓国ソウル大学国際大学院で講演をさせていただく機会がありました。

会場はその中にある国際会議室。

世界を代表する方々が講演をされている場所です。


以前の私であれば、講演そのものをお断りしていたはずです。

数年前までの私は、幼少期時代のＤＶ（ドメスティックバイオレンス＝家庭内暴力）がトラウマとなり、対人恐怖となっていたためです。

もし引き受けていたとしても「緊張して話ができなくなったらどうしよう」「頭が真っ白になったらどうしよう」と思っていたはずです。

その状態で講演をしたら……ご想像のとおり「玉砕」していたはずです。


私はここぞとばかりに「ニタニタ妄想」をしました。

世界の要人が講演をされた会場で、笑顔で話をしている私。

韓国の方、韓国在住の日本の方たちが、私の話を笑顔で聞き、時には大きくうなずく姿。

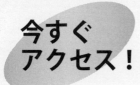

そして講演終了時点では感動の渦が起こっている。

実際にソウル大学での講演は、まさにそのとおりとなったのです。感動と笑顔で溢れ大盛況でした。

ニタニタしていると、脳波もリラックス波を示すミッドアルファ波になります。ミッドアルファ波は別名「願望実現脳」とも呼ばれています（１６７ページコラム参照）。

この状態で叶えたいことを思い描く（妄想する）と現実化しやすいことがわかっています。

この脳の仕組みを応用したものが、ニタニタ妄想なのです。

さあ、あなたもレッツ「ニタニタ妄想」！（笑）

「ありのままに生きる」とはどういうことか

「今のままでいいんだよ」とは、「今のままでいたいあなたでいいんだよ」ということです。

「ありのままでいいんだよ」とは、「よい面も悪い面も全部ひっくるめたあなたでいいんだよ」ということです。

「ありのまま」と「今のまま」は違う

「思いどおりと願いどおりは違う」

ということをご理解いただけたかと思います。

実はもう一つ、時として誤解を生んでしまう言葉があります。

「ありのままでいい」

本やセミナー、映画でもこのところよく聞く言葉ですね。

「ありのまま」を、「今のまま」と解釈している方がとても多いように思います。

そういう人は、「何をやってもいいんだ」「何もしなくていいんだ」と思われているようです。

また、「何をやってもいいんですよ」「何もしなくていいんですよ」と推奨されている本やセミナーもたまに見かけます。

でも、それはちょっと違うのかもしれません。

ありのままというのは、「何をしてもいい」「何もしなくてもいい」ということではありません。

「働くのは面倒だから今のままずっと寝ていよう」
「自分さえ楽しければ何をやってもいいんだ」

これらは、「ありのまま」ではなく「今のまま」なのです。


ありのままと今のままの違いは、赤ちゃんを思い浮かべるとわかります。

赤ちゃんは、一日中寝ていても「勉強しなさい！」や「仕事をしなさい！」といわれることはありません。


ある意味、とっても楽チンですよね。

でも、赤ちゃんは「楽チンだから今のままでいいや〜」と思わず、常に成長しチャレンジし続けます。


赤ちゃんは、お金やモノを持っていません。それでも将来への不安がありません。

赤ちゃんは、自分自身を否定することはありません。

ほかの赤ちゃんと自分を比べることも、慢心することもありません。

無償の愛を受け、無償の愛を与えています。

この状態が「ありのまま」なのです。


人と比較することも、されることもない。

ジャッジされることも、することもない。


それが赤ちゃんであり、かつてのあなたです。


もちろん時には何もせずにリラックスしたり、息を抜くことは大切です。

常に走っていたら車も人も疲れて故障してしまいます。

眠たいときには寝てもいいのです。


でも、赤ちゃんは起きると歩き、話し、新しいことにチャレンジします。

かつて赤ちゃんだったあなたも同じです。

「ありのままに生きるとは、こういうことだよ」

そんなふうに赤ちゃんは教えてくれているのかもしれません。

無償の愛を受け、与え、そしてチャレンジする。

それがすべての人の本質です。


人は誰もが、その人しか体現できない素晴らしいものを持っています。

あなたも同じです。

がんばる・変わるのではなく、本来の自分に戻るだけ

ありのままの自分を認め愛することを「自己受容」といいます。

自分のよい面も悪い面も含め、すべての面をありのままに受け入れている状態が自己受容できている状態です。


「自分なんて……」

「どうせ無理」

このように思っている人は自己受容が低い状態にあります。

この状態では、何事にも消極的になるためによいことは起こりにくくなります。

自己受容度数と幸せを実感できる「幸せ感」は比例します。

かつての私も自己受容ができず、自分が嫌で仕方がありませんでした。

当然「ありのままの自分を認める」こともできていませんでしたし、幸せ感はほとんどない状態でした。

ありのままの自分を認められるようになると、成長、前進していくことができます。

人の笑顔や喜びを、自分のことのように喜ぶことができます。

その喜びの感情が、自分自身の幸せを引き寄せます。

では、ありのままの自分を認め愛せるように自己受容し、幸せな日々を送るにはどうしたらよいのでしょうか。

それは、がんばるのではなく、本来の自分自身に「戻っていく」という考え方が大切になります。

「変わる」のではなく「戻っていく」のです。

赤ちゃんのような心の状態に「戻っていく」のです。

自己受容ができるようになる方法はいくつもありますが、その中で簡単にできてとても効果がある方法をご紹介させていただきます。

鏡に向かって、

「ありがとう、愛してる」

と毎朝あなた自身にやさしく声をかけるだけです。

「えっ、それだけ?」

そう思われたかもしれませんね。

だまされたと思って、まずは1か月間続けてみてください。1か月間続けたら、その後も習慣化してみてください。

少しずつ、そして確実にあなたの自己受容度数と幸せ感が上がっていきますから。

声かけは数回程度で大丈夫です。

にっこり笑顔で自分自身に声をかけてあげるのがコツです。

まわりに人がいて恥ずかしいときには、心の中で「ありがとう、愛してる」と唱えるだけでも大丈夫です。

「愛してる」という言葉に抵抗があれば、「ありがとう」だけでも大丈夫です。

声かけの時間は朝起きてすぐ、が効果的です。

朝一番にプラスの感情となることで、その後にプラスの出来事を引き寄せられるようになるためです。

朝起きて顔を洗うときの洗面台の鏡に向かって声をかけてみてください。

もし朝忘れてしまっても大丈夫です。その場合には職場や外出先で行ってください。

私は、ＤＶ家庭に育ちました。

父の暴力から母を守りきることができなかったことが原因で、私は幼稚園に入った頃からすでに自分自身のことがとても嫌いになりました。

それから数十年自己否定を続けていた私が、この「鏡に向かって愛してるワーク」を始めてから数か月後には自己受容ができるようになったのです。

あなたもぜひ試してみてくださいね。

あなたは生まれながらにして完璧で素晴らしい存在です。

そのことをただ「思い出していく」だけでいいのです。

コラム

マインドフルネスとタッピング

世界で注目を集める「マインドフルネス」

最近世界中で注目されているのが、プラス感情とマイナス感情をバランスよく整えることによってつくり出される「マインドフルネス」という精神状態です。

マインドフルネス状態というのは、過去の後悔や未来の心配などに心がフラフラとせず、心（マインド）が満たされて（フルネス）、「心が今ここにある状態」を指します。

マインドフルネス時の脳波は、リラックスかつ集中した状態になっているので仕事の効率が上がります。

アメリカのグーグル社では、このマインドフルネス状態に入るために、社をあげて、ヨガや瞑想を取り入れています。

最近では、日本の企業でも関心を示しているところも多いようです。

「マインドフルネス」ということは心が満たされていますから、脳科学的にいうと、脳波はアルファ波からシータ波の間のミッドアルファ波になっています。

このミッドアルファ波の状態になっていることを、私は「願望実現脳」と呼んでいます。

この状態の脳波になっているときに、イメージングをすると潜在意識にダイレクトに落とし込むことができるようになるため、夢や願望がとても実現しやすくなります。

ただし、難点があります。

それは**ミッドアルファ波に意図的に変えることは難しい**ということです。

ミッドアルファ波は瞑想状態の脳波です。

私もあらゆる瞑想法を学んできましたが、どれも毎日続けるのは難しいものばかりでした。

瞑想自体は、どれも素晴らしいのですが、私には少し合わなかったのです。

1分で願望実現脳になれる「ミラクルタッピング」

そこで私は、「瞑想の代わりにミッドアルファ波に変えてくれる、もっと簡単で万人が使える方法はないだろうか?」と、日々考えるようになりました。

そして見つけたのが、1分でミッドアルファ波の「願望実現脳」に変えてくれる「ミラクルタッピング」でした。

タッピングとは、体内の気（エネルギー）の通り道である経絡上にある経穴（ツボ）をタッピングする（軽くトントンする）ことで心理的問題の症状を改善させていく治療法です。アメリカではエビデンス（科学的根拠）のある治療法として認められています。

経穴（ツボ）をたたくことで、「気（エネルギー）」「血（血液）」「水（体液や水分）」の流れを正常に整えられ、身体のバランスがとれ、瞬時にマインドフルネス状態となります。

経穴（ツボ）はレントゲンなどには写らず、西洋医学ではあまり認められていませんでしたが、近年は科学的根拠が認められ、ＷＨＯ（世界保健機構）は３６１の経穴（ツボ）の存在と医学的有効性を認めています。

この従来からあったタッピングを、さらに強力にしながら、誰もが使えるように大きく改善を施したものが「ミラクルタッピング」です。

「ミラクルタッピング」は、手順に沿って、身体の表面をやさしく手でトントンとたたくことで、脳波をミッドアルファ波に変えてくれる画期的な手法です。

場所も選ばず、時間も1分ほどですぐにできてしまいます。

「ミラクルタッピング」は、従来から存在する各種タッピングセラピーに私が提唱している「和の心」を加えることで、誰でも簡単にマインドフルネス状態へと導いてくれます。

ご興味のある方は、拙著『引き寄せの公式』（パブラボ刊）をお読みいただければと思います。

第3章

言葉やモノに出会う

あなたに影響を与える言葉

先人たちが残してくれた多くの「言葉」は、今のあなたにも影響を与えてくれます。
その言葉にあなたの感情が伴うことで夢や目標は現実化します。

はじめに「できるという思い」ありき。すべてはこれによってつくられた

私は、DV家庭に生まれました。しかも、経済的な余裕がなく、いつもぎりぎりの生活を強いられていました。

このような環境で育った私は、小さい頃からさまざまな宗教書を片っ端から読んでいました。

特定の宗教を信仰しているわけではないのですが、「どうしたら心が軽くなるのだろう」という答えを宗教書に求めていたのです。

その中で、印象深かったのが、聖書の言葉でした。

「はじめに言葉ありき。言葉は神と共にあり、言葉は神であった。言葉は神と共にあった。万物は言葉によって成り、言葉によらず成ったものはひとつもなかった」（新約聖書 ヨハネによる福音書 第1章1～3節）

これを初めて読んだとき、私は、「最初に神様が人間をつくろうといったから人類は誕生した。だからその教義を敬いなさい、という意味かな？」と思っていました。

ところが、さまざまな経験を経て、「これは、神様ではなくて人が発する言葉のことを意味しているのではないか」と思い直しました。もちろんこれは私流の解釈です。

「よくわからない……」という方のために。

先に挙げた聖書の言葉（文章）に登場する「言葉」という文字を「できるという思い」に変えてみてください。

「はじめに**できるという思い**ありき。できるという思いは神と共にあり、できるという思いは神であった。できるという思いは神と共にあった。**万物はできるという思いによって成り、できるという思いによらず成ったものはひとつもなかった**」

つまり、**「自分はできる！と思って言葉を発した人こそ、その物事を成し得ていくことができる」**ということです。

この聖書の言葉の意味を象徴的に表しているのが、1960年代に活躍したアメリカのジョン・F・ケネディ元大統領にまつわる話です。

1961年、彼は国会でこう演説しました。

「人類は、今後10年以内に月に着陸する」と。

その当時、アメリカはまだ宇宙飛行士1名を宇宙空間に向かって飛ばし、そのまますぐに帰還させた経験があるだけで、月面着陸が成功するとはとても想像できない状況でした。

そのため、このケネディ元大統領の宣言は、周囲の人々から懐疑的に受け止められていました。

今でこそ宇宙開発が進み、宇宙ステーションや宇宙探索が現実となっていますが、その当時は、携帯電話もインターネットもない時代です。

そんな時代に、誰も成し得たことがない「月に行く！」という夢物語を、今から五十数年前に宣言した人がいたのです。

そして演説から数年後、ケネディ元大統領は暗殺されてしまいましたが、ケネディ元大統の意志を継ぎ１９６９年にアポロ11号が世界で初めて、人類の月面着陸を成功させました。

初めに言葉を発したケネディ元大統領のいったとおりに、現実がつくられたのです。

このように、先に言葉を発し、それを現実化したのはケネディ元大統領だけではなく、日本人の例もあります。

今、ＭＬＢ（メジャーリーグベースボール）で活躍しているイチロー選手は、小学生の頃すでに「僕の夢は一流のプロ野球選手になること。一流選手になったら、お世話になった人に招待券を配って応援してもらうのも夢の一つ」と、夢を語っていました。

ヨーロッパで活躍しているサッカーの本田圭佑選手は、小学生のときの作文に、「大人になったら、世界一のサッカー選手になる。世界で活躍して、年収は40億円が目標。そして世界一になったら大金持ちになって親孝行する」と書いていました。

現在の年収まではわかりませんが、ほぼそのとおりになっていますよね。

「はじめに言葉ありき、すべてはこれによってつくられた」、本当にそのとおりです。

特に、日本を代表するスポーツ選手のこの二人は、ともに周囲の人も幸せになるような夢を語っています。

これこそ、私が提唱している「和の心」です。

「和の心」とは、自分だけでなく、まわりの人々の幸せも願う心。

その調和の心は、確実に現実化を後押ししてくれます。

「はじめに言葉ありき、すべてはこれによってつくられた」と似た言葉として、**「信成万《しんせいばん》事《じ》」**という言葉があります。

この言葉は、『引き寄せの公式2』でもご紹介させていただきましたが、初めての方や忘れてしまったという方のために、もう一度ご紹介しておきましょう。

「信成万事」とは、「信じれば成り、憂えば崩れる」という意味です。

夢を「信じることができれば」現実となり、夢を願っていても「できないかもしれない」といった不安や心配があれば叶わないことを示した言葉です。

注目すべきは「がんばれば成り、がんばらなければ崩れる」ではない点です。

「がんばる」「努力する」といった「行動」よりも、「信じる」「不安」といった「感情」や信念こそが結果に直結するのです。

聖書のいう、夢や目標を「言葉にする」ということは、「自分の思いを確認し、強くする」作業のことです。

つまり、ここでいう、「信じる」ことと同じことです。

言葉にした夢や目標を信じることができる人こそ、その現実を手に入れられるのです。

もちろんあなたの夢や願いも手に入ります。

自己受容できた者（持てる者）はますます富む

私はキリスト教の信者ではありませんが、聖書をよく読んでいます。

聖書には、心に響く言葉がたくさん載っていますので、ご興味のある方はぜひ読んでみてください。

聖書の言葉でもう一つ注目したい言葉があります。

「持てる者はますます富み、持たざる者は最後のひとつまで取り上げられるであろう」
（新約聖書　マタイによる福音書　第13章12節）

これは、「神の言葉にしてはあまりにも無慈悲なのではないか、難解だ」といわれているのですが、私にはとても理解しやすい内容です。

私はこの言葉を次のようにとらえています。

今豊かな人は、もともと「私は豊かになれる。豊かになってももっと豊かになれる」と思っているので、ますます豊かになるけれど、「貧乏は嫌だ、怖い。自分はなかなか豊かにはなれない」と恐怖を感じている人はその気持ちが引き金になり、豊かさやお金を含むいろいろなものがますます取り上げられて不足や不満状態になるということです。

これは、まさに私が提唱している「自己受容」の問題を暗示しています。

恐怖や不安といったマイナス感情を取り除かない限り、言葉にした夢や目標を現実化するのは難しいのです。

数年前まで私は「思考は現実化する。強く願えば叶う」と思っていましたが、**「思考ではなく、感情が現実化する」**とわかってから、この聖書の言葉の意味が、すんなりと理解できるようになりました。

感情を伴った思考のみしか現実化しないのです。

そのため、夢や願いがあっても、心に恐怖や不安などのマイナス感情があれば、それらのマイナス感情を増幅した出来事が現実化してしまいます。

せっかく、**夢や目標を言葉にして強く認識しても、そこに見合う感情が伴っていなくては、現実化は難しいのです。**

さらに、現実化させたい夢や目標に関するプラス感情を邪魔するのが、マイナス感情です。

まずは、これらのマイナス感情を取り除くことこそが必要なのです。

マイナス感情を取り除き、自分自身を認め受け入れることこそ、「自己受容」です。

古代より賢人は「自己受容できた者（持てる者）はますます富み、恐怖や不安などのマイナス感情のある者（持たざる者）は最後のひとつまで取り上げられる（不足状態になる）であろう」と伝えているのです。

あなたは人にどのような影響を与えているのか

人間関係は「ある状態」を観測することで変化します。「観測」を変えると「思い」が変わります。
人によい影響を与えるのか、悪い影響を与えるのか、それはあなた次第です。

相手の気持ちをつかみ、よい影響を与えるには

最近の私は、経営者の方々に向けた講演会でお話しさせていただく機会が多くなってきました。

その中で、経営者の皆さんが身を乗り出して聴いてくださる話があります。

それは、業績アップの秘訣についてお話しするときです。

「なんだ、お金儲けの話か。会社員の私には関係ない」

「別に会社経営をしているわけでも、これから経営者になる予定もないし」

そんなふうに思われていた方であっても、この内容を知っていれば、さまざまな面で応用が可能になります。

特に、**「人間関係をよりよくしたい」**という方にとっては、大きなヒントになるかと思います。

なぜかといいますと、私は講演では、業績アップにつながる**「人への影響力」**についてもお話しさせていただいているからです。

経営のトップに立たれている方たちは、常に従業員の気持ちをつかみ、やる気をアップさせていく必要があります。

従業員がいなければ、業績アップどころか、会社が成り立ちませんよね。

ですから経営者が従業員に与える影響力は、とても重要になります。

そして、その影響力は、会社の業績アップと密接な関係があるのです。

私が講演会でお話ししている話は、「**尊己及人**《そんききゅうじん》」という言葉についてです。

この言葉は、「**己を尊び人に及ぼす**」という意味です。

つまり、「**自分を認め愛することができて初めて、ほかの人に影響を与えることができる**」ということです。

経営者の方においては、会社経営をしていくうえでの恐怖や不安、競合会社への妬みや怒りなど、「日々、頭を悩ませる問題が山積している」という方も少なくありません。

しかし実は、これらすべての**マイナス感情は業績不振の原因になるだけでなく、個人的な病気や人間関係の悪化など、すべての面においてマイナスの原因になってしまう**のです。

このマイナス感情を手放すことが、まずは経営者に求められている、ということです。

これは、今まで何度もお伝えしていますが、「自己受容」ということです。

自分を認めて愛することでマイナス感情を手放して初めて、従業員の気持ちをつかみ、よ

い影響を与えることができるのです。

ここで、従業員を常に叱咤激励されていた大手建設業経営者の方の話をご紹介しましょう。


その方は、強烈にテンションを上げるセミナー運営会社の幹部も兼任されている方です。もう20年以上、部下を激しく叱責鼓舞されていたそうです。

目標を達成するための「障壁」を毎月30項目書き出させ、その障壁をつぶしていく手法をとられていました。

障壁を真剣につぶしていくものの、気力体力がついていけない人も続出したそうです。まれに30個の障壁すべてをつぶすことができた人もいるそうですが、月の売上目標は未達だったそうです。

私はその経営者さんに「自分を認めることの大切さ」をお伝えしました。

その方は怪訝な様相で私を見られました。今までそんなことは考えてもいなかったそうです。
それでもその方は、その後素直に「自分を認める」ことを意識・実践されました。

それから数か月後――。
見違えるように業績が上がったとの報告をいただきました。

今は肩の力を抜いて、楽しく仕事をされているそうです。何よりも、ずっと緊張状態に縛られていた心が、嘘のように軽く楽しく変化したことに喜びと驚きの表情を浮かべられていました。
見るからに穏やかな表情に変化された経営者さんのもとには、今まではあまり相談に来ることがなかった部下たちも相談や報告に来るようになり、今では「頼れる存在」として、さらに一目置かれるようになられています。

物事を「どのようにとらえるか」で人間関係は変化する

ところで、「人に影響を与える」ということは、実のところ、マイナス方向にもプラス方向にも与えることができます。

量子力学の実験で有名な「二重スリットの実験」というものがあります。

これは、原子を構成する電子の動きについて調べた実験なのですが、二つのスリット（隙間）があるついたてへ向けて電子を一度にたくさん発射させると、その先の壁には波状のものが通り抜けたような、縞模様ができあがります。

一方で、電子を1個ずつ発射させても結果は同じです。

最初はランダムに壁に点として存在していきますが、それを何度も繰り返すと、最終的には一度にたくさん発射したときと同じ結果の、縞模様ができあがります。

この縞模様は、波状のものが二つのスリットを通り抜けたときにできるものであり、これにより、電子はスリットを通り抜ける前は波状であり、通り抜けた後は粒状であるという、二つの状態を持つということがわかっています。

さらに面白いのが、電子がスリットを通り抜ける前はどのような状態かを探るため、スリットの横に観測機を置いた場合です。

なんと、観測機を置いて電子を観測し始めたとたん、今まで壁にできていた縞模様は描かれなくなり、二つのスリットと同じ2本の線模様ができあがります。

ここが、非常に重要です。

この2本の縞模様が意味するのは、電子は2本のスリットを通り抜ける前から粒状であったということです。

電子は、観測されたとたんに、波状でスリットを通り抜けるのをやめ、粒としてどちらか一方のスリットを通り抜けていることになります。

つまり、電子は観測されたとたんに形状を変化させているのです。

以上が量子力学の「二重スリットの実験」です。

少し難しい話になってしまいました。

「よくわからない……」

「もっと詳しく知りたい」

という方は、インターネットで「二重スリットの実験」と検索してみてください。

丁寧な解説をしてくれているサイトがたくさん出てくると思います。


この実験からわかることを別の言葉に変えていえば、

「物事は観測された時点でなんらかの影響を受けて変化する」

ということです。


このことだけを覚えておいていただければ大丈夫です（笑）。


この実験の解釈はさまざまですが、物事を「どのように観測するか」ということが結果に大きくかかわっています。

つまり、観測した時点でなんらかの影響を物事に与えるならば、観測者の感情が非常に重要だということです。

マイナスの感情を持った観測者が観測すればマイナスの影響を、プラスの感情を持った観測者が観測すればプラスの影響を与えるのです。

これを「観測者」の部分を「経営者」に置き換えて考えてみると、わかりやすくなります。

マイナスの感情を持った経営者はマイナスの影響を与え、プラスの感情を持った経営者はプラスの影響を与えるということになります。

つまり、業績をアップさせたいと望むのであれば、経営者や幹部自身のマイナス感情を取り去り、できることならプラス感情を持った状態になるのが望ましいのです。

このような状態で従業員や部下に接することで初めて、従業員によい影響を与えることができ、結果として業績アップにもつながっていくのです。

もちろん、人間関係の影響力は一方向ではありません。

あなたがもしやる気のある従業員で自己受容が非常に高ければ、同僚や上司、経営者までよい影響を及ぼすことも可能でしょう。

そしてこれは、経営者と従業員という関係だけでなく、家族関係や友人関係など一般的な人間関係でも同じことがいえます。

マイナスの感情を持った方は、仕事、お金、人間関係、すべての面においてマイナスの影響を与え、プラスの感情を持った方はプラスの影響を与えるということになるのです。

もし、今、人間関係で悩みがある人は、自分自身がマイナス感情だらけになっていないかチェックしてみるといいでしょう。

人間関係の「変えたい状況」は、観測することで変えることが可能なのです。

「観測」を変えるということは「思いを変える」こと。

「マイナスの思い込み」を「プラスに変える」とも言い換えられます。

修復不可能だと思っていた関係も、観測するあなた次第で状況を変化させることができるのです。

相手を認識した時点で影響を与えることができるのなら、なるべく相手によい影響を与え、よりよい人間関係を築くように、日頃から自分の心を振り返るように心がけていきたいものですね。私もまだまだですが、そのように心がけるようにしています。

ストレスがあなたの心と身体に与える影響

心と身体はすべてつながっています。心がダメージを受け続けると身体にも悪影響が及びます。そのため、感情の切り替えが重要になるのですが、無理をして切り替える必要はありません。

「楽しいのか、楽しくないのか」で判断をするとストレスがなくなる

「私は人づきあいでうまくいかないことが多いのですが、どうしたらいいでしょう?」

と相談されることがあります。

そんなとき私は、

「グループだから無理に一緒にいたり、仕事関係だからと仕方なくつきあったりしていませんか? そのようなしがらみは一切捨てて、一緒にいて楽しいか楽しくないかで判断してみてください」

とお伝えしています。

私自身、昔はしがらみで人づきあいをしていたこともありましたが、今はすべて「一緒にいて楽しいかどうか」という感情のみで判断しています。

感情は、最も信頼できるナビゲーションシステムだからです。

先日も、初めてお会いする方数名も含めて、7、8人で集まる食事会がありました。

その日は2時間ほど皆さんとご一緒しましたが、初めての方々とも話が盛り上がり、会が終わっても楽しい気分が続いていました。

この「楽しい気分が続いた」ということを、私は「この関係はOKだよ」というサインと、とらえています。

もし楽しくても、なんらかの違和感があれば、それは「この関係はNGだよ」というサインになります。

その場合は、そのときは楽しいように思えても、結局その先の関係がうまくいかなくなるのです。

また、お誘いを受けても「なんだか行きたくないなあ」と感じるときもあるかと思います。

私は、仕事の人脈が広がりそうな異業種交流会など、一見よさそうなお誘いがあったとしても、なんとなく嫌な予感がしたときは参加しないようにしています。

万一、集まりに出てしまったとしても、その場からすぐ退出します。

「帰ります」と宣言して、本当にサッといなくなってしまいます。

「このような行動は、社会人としては直さなければならない性格かな……」という考えも、チラリと頭をかすめますが、やはり私は自分の気持ちを大切にしたいのです。

気分が乗らない集まりに参加したり、話の合わない人たちに無理をしてまで合わせる必要性を感じないのです。

そのため、今の私のまわりは明るく楽しく前向きな話の合う人ばかりです。

人間関係でストレスを受けることはほとんどなくなりました。

もし、これが以前の私のように、無理をして人間関係を築いていたとしたらどうでしょうか。

ストレスがたまってしまいます。

「くそ〜」と思うような怒りからのストレス状態になると、自分にそのエネルギーが充満して、さらなる「くそ〜」と思うような、嫌な人や出来事を呼び込みます。

以前の私がまさにこの状態でした。

人間関係ばかりでなく、「くそ〜」と思うような嫌な仕事がやってきたり、「くそ〜」と思うようなお金の失敗をしたりして、ストレスだらけの生活を送っていました。

人間関係のストレスから始まった「くそ〜」という怒りの感情が、いつの間にかあらゆる怒りを引きつける磁石になってしまっていたのです。

このようなストレス状態が長く続くと、どうなるでしょうか？

もうおわかりですね。

体調を壊したり病気になってしまうのです。


先日NHKスペシャルでも「キラーストレス（死に至るストレス）」特集が放映され、大きな反響があったようです。ストレスは死まで招くことがあるのです。

私自身、死につながるような病気を経験していますが、その病気はストレスが引き起こしていたのだと、今なら理解できます。


ホリスティックな医療（統合医療）では、ケガ以外の体調不良のほとんどは、自律神経の乱れからきているといわれています。

その原因になるのが、あらゆる病気の原因といわれるキラーストレスです。

少々のストレスなら問題はありませんが、過剰なストレスはキラーストレスとなり、さまざまな病気を引き起こしてしまうそうです。

私は医師ではないので、「治る・治らない」のお話はできません。でも、経験上、感情と体調は密接な関係があることは、体験上知っています。


たとえば、怒りをずっと持っていると、だいたい心臓をやられます。

また、肝臓と腎臓も怒りがたまる場所といわれています。

私もそうでした。


軽度の怒りでは最初に腰が悪くなり、その怒りがたまると慢性の腰痛になります。

以前の私は強く腹を立てたりすることがありました。そうすると急に腰が痛くなったことを覚えています。

以前の私はイライラや怒りを手放す方法を知らなかったため腰痛持ちだったのです。


そのほか、恐怖や心配がずっと続くと、胃が悪くなることはよく知られています。不安や心配を感じ続けると胃に悪影響が出るのです。

悲しみは肺と女性器官（生殖器）に影響が出るといわれています。

心と身体はすべてつながっています。

心の汚れを落とすシャワーを浴びよう

長い間ストレスを受け続けると、まず心に汚れがつきます。
最初は少しずつ、そしてだんだんと心の汚れは増えていきます。

かなりの汚れがついているのにそのままにしておくと、当然汚れはどんどん付着していきます。
その後、汚れは悪臭を放つほどにまでなり、最終的にはメンタルだけではなくいろいろな病気を引き起こす、という経過をたどってしまいます。

ですから、汚れがひどくなる前に、汚れを落とす必要があるのです。
身体が汚れたら、お風呂に入ったりシャワーを浴びたりしますよね。
それと同じで、心に汚れがついたら**「心のシャワー」**が必要になるのです。

その**「心のシャワー」となるのは、プラスの感情エネルギーです。**

プラスの感情とは、ワクワク、幸せ、嬉しさなどの感情です。

プラスの感情を自分の磁石にすることができれば、プラスの感情エネルギーがどんどん充電されていきます。

急にやる気が出たり、肌がつやつやしてきたり、笑顔がいきいきとしてくるでしょう。

プラスのエネルギーが充電されてくると、心がクリーニングされて、どんどん汚れが取れていきます。

ただし、自分自身がマイナス感情でいっぱいになっているときに、プラスの感情へサッと切り替えるのは、難しいかもしれませんね。

そんなときは、**プラスの感情エネルギーが溢れる元気な人と一緒にいると、パワーを分けてもらえます。**

もちろん、落ち込みが激しくて、元気な人と一緒にいるとますます落ち込むという人もいるかもしれません。

そういう場合は、無理のない範囲で「少し元気な人」と会ったり、元気が出るような場所に出向いたりするだけでも大丈夫です。

もし、あなたの近くに、マイナス思考にどっぷり浸って、ストレスだらけの毎日を送っている人がいたら、あなたは「心の汚れを落として、プラス感情を持ったほうがいいよ」とアドバイスしたい、と思われるかもしれません。

でも、そのアドバイスに「放っておいて！」と拒否反応を示す人もいるかもしれません。

そういう人は、今はまだ悲劇のヒーロー・ヒロインでいたい人なのかもしれません。

ですから、その方に対しては、愛を持ってそっとそのままにしておきましょう。

その人が自ら立ち上がる機会を奪ってはいけないと思うためです。

そういう人は、マイナス状態にどっぷりと浸かることで充電しているのかもしれません。

充電中の人や眠っている人を無理に起こさなくてもいいのです。

無理をしたり、させたりしてまでがんばらなくてもいいのです。

そこで気づくか気づかないかは、その人の人生ですから。

いつ気づいても大丈夫です。決して「遅すぎる」ということはありません。

重度の鬱状態やパニック障害を経験した私自身もそうでしたから。


そして、「もうそろそろ動きたいな」と思った人から動き始めます。

この感情の切り替えのタイミングは、たとえ親子や近親者であっても他人にはなかなかわからないものです。切り替えのタイミングは、本人が一番わかっています。

その方自身が、「そろそろ立ち上がりたい」。そう思われたときが、ベストのタイミングです。そのときには、温かく手を差し伸べてあげてもらえればと思います。


それまでの間に、あなたができることは、自分自身の心の汚れを落とし、自らがプラスのエネルギーを発する人になることです。

この本を手に取られているあなたは、もうその心の準備ができているはずです。

あなたは、これからさらに幸せになっていく人なのです。

感動したらその先が大事

「おいしかった！」「素晴らしかった！」「いい体験した～」など、何かに感動したとき、ただ感動して終わりにしてしまうのは、とてももったいないことです。感動をアイデアへとつなげる魔法の言葉をお教えしましょう。

新しいアイデアが浮かんでくる魔法のキーワード

あなたは素敵な映画や音楽、おいしい料理、素晴らしいサービスなどで感動したら、その後はどうしていますか？

自分ひとりで余韻に浸りながら感動を味わうか、もしくは友だちや家族に、その感動を伝えて、「すごくよかった～」「感動した～」で終わってしまう方が多いのではないでしょうか。

以前の私も、ものすごくおいしい料理を食べた後など、「あぁ、おいしかった」と自分で感動して、それで終わりでした。

しかし私は、数年前から、何かに感動したとき必ず**「あること」**を心がけるようになりました。

そのかいあってか、今では韓国ソウル大学で講演をさせてもらえるチャンスをいただいたりと、ビジネスでやりたいことがかなりできるようになってきました。

この「あること」とは、**「感動したらその先が大事」**ということです。

つまり、何かに感動したとき、「おいしかった」「素晴らしい」「いい体験した～」など、単なる感動だけでは終わらないようにするのです。

その後で必ず魔法のキーワード、**「ということは……」**を加えます。

「（感動した）ということは○○にどう応用できるのだろう？」

というように使うのです。

そうすると、必ず後からいいアイデアが浮かんできます。

最近の私は、何かに感動したら必ず、この魔法のキーワードをつけ足すようにして、新しいアイデアにつなげるようにしています。

この魔法のキーワードの「〇〇」部分には、何を入れてもＯＫです。

脳は真空状態を嫌います。

何か気になることがあると、無意識下で脳はその答えを探します。テレビや雑誌を見ていて、ふと「あの役者さんの名前はなんだったかなぁ」と、その場で思い出せないことはありますよね。

そして、お風呂に入っていたり、くつろいでいるときに、ふいにその役者さんの名前が出てきたりすることはよくあります。

その仕組みを意図的に応用するのです。

たとえば、私が何かに感動したときに、「(感動した)ということは、次の新刊でどう応用できる(活かせる)のだろう?」と考えます。

そうすると、新しい本のアイデアがふと湧いてきたりするのです。

「○○」部分には、あなたの望むことや興味のあることを入れてみましょう。

恋愛に関する投げかけでもいいですし、「子育てにこの感動はどう応用できるのか？」など、なんでもOKです。

そうすれば、必ず「おっ！　これはいい感じだ！」というようなアイデアが湧いてきます。

多くの人は、「感動したらその先が大事」ということを知りませんので、みんな「わぁ～、よかった！」と感動するだけで終わってしまいます。

これは、とてももったいないことです。

「（感動した）『ということは』、○○にどう応用できるのだろう？」

この魔法のキーワードをいつも心に留めておいてくださいね。

「手品の法則」は予想外の感動を生む

では、感動からどのようにアイデアが湧き、どんなふうに応用できるのか、私の例でご説明しましょう。

少し前ですが、私はある世界的に有名なホテルで出版記念イベントをさせていただきました。

そのときのパーティーでは、ビュッフェ形式の食事が用意されていました。どのお料理もとてもおいしかったのですが、デザートがやや少なめで、「もう少し食べたいな」と思われているような方が、ちらほらとおられました。

そこへ、突然ホテルのスタッフが、「実は特別にもう1品デザートをご用意しています！」と、颯爽とデザートを運んできたのです。

会場は予期せぬサービスに、笑顔に包まれました。

以前の私でしたら、この感動の後、「やはり有名なホテルは違うなあ。サプライズのデザートはおいしかったし。あっ、この次の予定はなんだっけ?」のように、すぐに違うことを考えてしまっていたはずです。

しかし、このとき私は、「(ホテルのサービスに感動した) **ということは、**妻の誕生日にどう応用できるかな?」と考えてみたのです。

そこで、よく考えてみたら、このホテルの予期せぬサービスは「予定調和」ということに気がつきました。

つまり、私がホテルで体験した予期せぬサービスは、受ける側からすると、初めて体験することなので驚きますが、ホテル側ではあらかじめストーリーができていて、もともとサプライズ用のデザートは用意してあったということです。

そこで私がヒントを得たのは、「これは**手品の法則だ！**」ということでした。

「手品の法則」とは、たとえば、マジシャンが「今からハトが出てきますよ、ほらっ」といってからハトを出すと、先に宣言されていたのでなんとなく驚きが少なくなりますよね。

では、「これで手品はおしまいです。ありがとうございました」といってマジシャンが去り際に、イグアナを出したらどうでしょうか。

観客はびっくりしますよね。

イグアナを出すマジシャンは少ないうえ、先に「イグアナを出す」とも予告していないので、観客は予想もしなかったイグアナの登場で、非常に驚くわけです。

それが「ハトの後にイグアナも出ますよ」と先にいわれていたら、イグアナが出ることは珍しくても観客の感動は少ないまま終わってしまっていたでしょう。

これが手品の法則です。

マジシャンからすれば、この手品はハトの次にイグアナを出すという予定調和だったというわけです。

私はこの手品の法則のアイデアを応用して、妻の誕生日にサプライズを仕掛けてみました。

誕生日の夜に、「すごくおいしそうな桃を買ってきたよ～。はい、誕生日プレゼント！」と私がいって、妻に渡しました。

すると妻は、「えっ、誕生日プレゼントは桃？」みたいな反応に、一瞬なったのです。その後すぐに妻はニコッとして、「桃か～、ありがとう」と喜んでくれたのですが、普通のプレゼントを期待していたようでした。

そこへ私はすかさず、「実はこのプレゼントもあるよ！」と本来のプレゼントを渡したのです。

ふだん妻はそれほど大騒ぎするタイプではないのですが、そのときは「キャ～、嬉しい！」と大喜びでした。

これを最初から「今日は、桃のほかにメインのプレゼントがあるよ」と伝えていたら、このような妻の反応はなかったでしょう。

このように、感動したらその先のことを考えるだけで、ふだんの生活が喜びでいっぱいになるのが嬉しいですよね。

ところで、感動したらその先に考える内容は、感動したものと同じジャンルである必要はありません。

おいしい料理に感動したら、「料理の腕を上げるには？」などと料理に関することだけでなく、「収入アップにつなげるには？」など、別のジャンルでもＯＫです。

とにかく、どうつながるのかは難しく考えずに、「『ということは』どうすればいい？」と考えるだけでいいのです。

そうすると、脳は一度浮かんだ疑問の答えは必ず探し出しますから、ひょんなときにポーンとその答えを与えてくれることでしょう。

ほかにも例を挙げてみます。

数年前に、おいしい料理を食べて感動したときのことです。

さっそく私は「(このおいしい料理に感動した) **ということは**、今の仕事にどう応用できるだろうか?」と考えてみました。

そうしたら、ふと、「ブログ」というアイデアが浮かんだのです。

「自分の味わった感動をすぐに読者の方々に届けるには、ブログがいい」というアイデアが浮かんできたわけです。

その後、私はすぐにブログを始め、今に至っています。

ブログを書くことによって、私が味わった感動をすぐに発信することができますし、本を執筆する際には原稿のネタになったりもしています（笑）。

この「感動したらその先が大事」という話を経営者の方々にすると、「知らなかった」という人が多くて、かなり驚かれます。

もちろんこの「感動したらその先が大事」ということは、仕事だけでなく、恋愛や友情、健康やお金など、あらゆる分野で応用できますから、ぜひあなたも実践してみてくださいね。

第4章

幸せな人生を歩んでいく

あなたがあなたらしくあるために

私にはとても大切している言葉があります。この言葉は私の人生の指針にもなっています。この言葉の意味をぜひあなたにも知っていただきたいのです。

言葉の逆読みから見えてくること

私は、50年近くもの間、苦難と逆境の人生を送ってきました。

父親からのＤＶによる家庭崩壊、大病を患ったことによる余命宣告、経済的困窮、重度の鬱とパニック障害、阪神・淡路大震災で自宅喪失、50歳間近での突然のリストラ……ありとあらゆる不運を背負ってきた人生でした。


「今までよく生きてたね」

そういわれたことも少なくありません。

そんな私が人生の転機を迎えたのが、今から約５年前。

何もかもがうまくいかなかった人生が、「どうやってもうまくいく」人生へと変わりました。


そんな私が、人生の指針にしている言葉があります。

私が生きていくうえで最も大切にしている言葉です。

『自分を認め愛することが、未来の創造につながります。
誰もがありのままの自分を取り戻し、
夢の実現を体現できる実践的手法を広めます。』

これを読んで、あなたはどう思われたでしょうか。

「なんか標語みたい」

「大企業の理念の言葉？」

いろいろなご感想があると思います。
いい言葉が並んでいるけれど、スラーッと流して読めてしまう。
ただそれだけだったかもしれません。

この3行の言葉には、実はとても深い意味が隠れています。その意味をご理解していただけたときに初めて、なぜ私がこの言葉を大切にしているかがおわかりになられるかもしれません。
この3行の言葉は、あなたにとっても「人生の指針」となるはずです。まずはこの言葉に隠された真理についてお話しさせてください。

「自分を認め愛することが、未来の創造につながります」

そのまま受け取ると、なんとなく体のいい言葉にしか聞こえないかもしれません。また、何か釈然としないかもしれませんね。

では、この言葉を「逆読み」してみましょう。

逆読みとは、言葉の意味を裏返してみる、反対の意味に置き換えてみることです。

自分を認め　↓　自分を認めず
愛することが　↓　愛せないことが
未来の創造につながります　↓　未来の創造には、つながらない

つまり、「自分自身を認めず愛せないと、未来は創造できない」ということになります。

「自分なんて、自分には無理、と思っていると未来は創造できない」とも言い換えることができます。

逆読みをしたことで言葉の意味が明確になってきましたね。


「どうせ無理」

「自分なんて」

自分を認められず、自分を愛せない状態をひと言でいうと、そうなります。

そんなふうに思っていると未来をつくることはできません。

お金はそこそこ持っているけれど、心は……

大手マーケティングリサーチ会社の調査によると日本人の約8割が、「どうせ無理」「自分なんて」と思っているそうです。

こういった後ろ向きの気持ちが、たくさんの日本人の心を占めているのであれば、日本の将来がとても心配になってしまいます。

そして、これは日本だけではなく、世界全体にも広がっているように思います。

「どうせ無理」「自分なんて」が歪んだかたちで現れているのが、私は「テロ」や「戦争」だと思っています。

急に大きな話になりましたが、少しおつきあいください。

テロや戦争はなぜ起こるのでしょうか。

その大きな原因となっているのは貧困です。たとえば、紛争地帯を多く抱えているアフリカでは平均年収が数万円以下という国がたくさんあります。

今から数年前のことになりますが、私は、ある方の講演会を聴講した際、控室で幸運にもご本人とお話しする機会に恵まれました。

その方は、元国連職員の方で、在職中は南アフリカを担当されていました。

南アフリカには、長年の人種差別、アパルトヘイト政策により、人とはほど遠い扱いをずっと受けてきた人たちがいます。人身売買が今でも行われているといいます。

そういう人たちは所得が極端に低く、暴動も頻繁に起こったりして、治安はよくないそうです。

そんな南アフリカの実情を見てきた方ですが、私に次のような話をしてくださいました。

「日本の自殺者は、毎年3万人、実際には7万人といわれています。では、自殺を自爆テロに置き換えてみるとどうなるでしょうか。自爆テロが年間3万人以上起こっているのが日本です。日本は世界で一番、人口比率でテロが多い国であるといえます」

私は、大きな衝撃を覚えました。

私自身は自殺を「テロ」とは思うことはありませんが、元国連職員さんの言葉にショックを受けました。

でも、同時に「ある部分では、確かにそうともいえるかも」とも思ったのです。

一般的にテロというのは、権利を抑圧されたり、貧困が原因になっていることが多く、激しい怒り・不満が爆発することによって起こるものです。

では、世界の先進国の中で、群を抜いて自殺率が高い日本は、世界的に見て最も貧困な国なのでしょうか。

テレビでは、「年収？　少ないよ～」と街頭インタビューを受けている方の姿を見かけることがあります。

日本人は本当に収入が少ないために、世界で一番自殺率が高く、世界での最貧国なのでしょうか。

日本人の平均年収は約４００万円です。

「少ないよ～」と思われている方も多いかもしれないですね。かくいう私もそう思っていました。

では年収４００万円という金額は、世界のどれだけの人が得られているのでしょうか。

「20～30％くらいかな」そんなふうに私は思っていました。

実際には世界中の人の「トップ１％」だそうです。

「この収入じゃ、少ないよ～。やっていけないよ」そう思われている方は、実際には世界の所得上位１％以内に入るのです。

世界での枠組みでいうと、日本で仕事をされているほとんどの方は「大富豪」なのです。

世界で一番お金を持っているのが日本人なのです。


日本人の平均年収は400万円で、世界の上位1％に当てはまります。

なのに、世界で一番テロが多いのは日本、というとらえ方もできます。

でも、ほかの国のテロとはまったく状況が一致しません。


このギャップは、何が原因でしょうか。

「お金がない」ことが原因ではありません。「心の中の幸せ感」がないことこそが原因です。

要は、心にやりきれなさがたまっているのです。心にゆとりがなくて、心の中に平和や幸せ感、安心感を持たれている方が少ないのです。


お金は世界レベルに置き換えるとそこそこ持っている（私は長年持てませんでしたが）。

でも、心の中の充足感や幸せ感が欠如している状態や、「自分なんて」と思っている自己受容の低さこそが真の原因です。

「どうせ無理」と思っていると、「あの人も無理」という目線で見てしまう

ずいぶんと遠回りをしてしまいましたが、ここで私が人生の指針にしている言葉の1行目に戻ります。

「自分を認め愛することが、未来の創造につながります」

「どうせ無理」「自分なんて」と思っていたら未来は創造できません。

かつての私自身も自分の人生を自らの手で終わらせようとしたこともあります。
母親の部屋の前を通るとき、ハッと我に返り、思いとどまる。
毎日、この繰り返しでした。

この心の中の充足感や幸せ感がない状態は、何も死に直結するというだけではありません。

たとえば選挙。「選挙の投票？　どうせ誰に入れても一緒でしょ」

「自分は無理」と思っていたら、ほかの人も信用できないのです。「自分には無理」と思っていたら「あの人も無理」という目線で見てしまうためです。

「どうせ無理」「自分なんて」と思ってしまう理由と、「自己受容」の低さは連動しています。

自己受容が低いことは、自分に自信がない状態です。

「自信」は「自らを信じる」と書くとおり、自分を信じきれない状態です。

自己受容が低い状態が続くと「どうせ無理」「自分なんて」という気持ちが、すべての行動にブレーキをかけてしまいます。すべての行動にブレーキがかかってしまうと、仕事、経済面、人間関係すべてにブレーキがかかってしまいます。これはとてももったいないことです。

ありのままの自分に戻るだけ。自分を変える必要はない

「どうせ無理」というような思考、「自分なんて」と思う自己受容の低さ。これは自分で自分を苦しめている状態です。ただそれは単なる「マイナスの思い込み」なのかもしれません。

ではこの「マイナスの思い込み」を断ち切り、「自分を認め愛するにはどうすればよいか？」という疑問が出てくるかもしれませんね。

その答えは、

「誰もがありのままの自分を取り戻し」

にあります。

つまり、**「誰もがありのままの自分に戻るだけでいい」**ということです。
自分を変えたり、もっとがんばったりする必要はないのです。

たとえば私の場合、2015年に『引き寄せの公式』『引き寄せの公式2』を上梓できたおかげで、ものすごくたくさんの方々から個人セッションやコンサルタントの申し込みをいただきました。当時は半年先の予約まで埋まるほどでした。

その際の収入も驚くほどの金額でした。幼少期からお金がないことによるDVやトラウマが続いていた私に、とめどないお金が流れてくるようになりました。
人生で初めて「流れとどまることを知らない豊かなお金」が入ってきたのです。

ただ、そのときに「何かがおかしい」そう思いました。そして次の瞬間に「ある行動」に出ました。「セッションは終了しました」の告知をしたのです。

「人生最大のかき入れ時になぜ⁉」

多くの方にそう聞かれます。


前述のとおり私は、何度も生死を彷徨うような出来事のオンパレードでした。

そうしてやっと気づいたことがあります。

「たった一度の人生。損得勘定より、自分自身の感情に忠実に生きよう」

そう思ったのです。


現在はすべてのセッションを休止しています。

「ありのままの自分を取り戻した」ためです。


今、日本そして世界は混沌としています。

だから私は、「今ここにある幸せ」を深く味わい、その輪を一緒に広げてくれる「虹の仲間」の輪をもっとダイナミックに広げたい、と思っています。

そして世界が一つになる瞬間を、虹の仲間と一緒に見たいのです。

「とみ太郎さんのセッションが受けられないなら、誰に頼ったらいいんですか?」という希少な質問が出てくるかもしれません。

頼らなくていいんです!

「じゃあ、自分ひとりで、どうがんばったらいいんでしょう?」

がんばらなくていいんです!

誰かに頼ったり、無理してがんばったりして、自分を変える必要はないのです。変えるのではなく、戻ること。

そう、ありのままのあなたに戻るだけでいいのです。

赤ちゃんは「できないからダメな人間だ」なんて思わない

ところで、**「ありのままの自分を取り戻した状態」**とは、具体的にはどういう状態なのでしょうか。

私は、「赤ちゃんマインド」こそが、その状態だと思っています。

「かつてのあなたが赤ちゃんだった頃のマインド、赤ちゃんの心に戻ればいいのですよ」ということです。

なぜ赤ちゃんマインドがいいのかというと、**赤ちゃんは夢実現の達人**だからです。

赤ちゃんは、おむつを替えてもらったり、おなかがすいたらおっぱいをもらえたりと、ゴロゴロして「毎日が幸せ」の世界で生きています。

でも、そのままでいれば幸せなのに、赤ちゃんはじっとはしていません。

常に進化しようとします。

ある日「立ち上がってみよう」と挑戦した赤ちゃんは、当然立てませんから大泣きをします。

立てないことが悔しいのです。

その姿から、私たちは、教えられます。

「悔しかったら泣いてもいいんだよ」と。

赤ちゃんが周囲を気にせずに泣く姿を見れば、「どんな感情を出してもいいんだ」ということがわかります。

また、赤ちゃんは立ち上がろうとするときに、「どうせ無理」などとは思いません。

赤ちゃんは自分に制限をかけていないので、限界がないのです。

赤ちゃんは限界突破（リミットブレイク）の達人ですから、「立てない。自分はダメな人間だ」なんて思いません。

いくら頭をぶつけても、転んで泣いても、挑戦し続けます。

だから最後には、立ち上がることができるのです。

つまり、大人の体力、人脈、知恵と行動力を備えつつ、心は赤ちゃんマインドの状態に戻っていくだけで、あなたは完璧な存在となれるのです。

ただ、皆さんには気をつけていただきたいことがあります。

第２章でもお伝えしましたが、**「ありのままと今のままは違う」という点です。**

ありのままと今のままの線引きは簡単です。

「赤ちゃんはそれをやるか、やらないか」

で考えればいいのです。

赤ちゃんのマインドは、ありのまま。成長する、進化する姿です。

だから、今のままではありません。

いろいろなことを体験し、幸せになりたい、そしてその輪を広げたいと行動するのが赤ちゃんです。

心を「今ここ」に置くことで未来は切り開ける

赤ちゃんマインドのままで、大人の体力、知力、人脈があれば必ずいろいろないいことが起こります。

私が人生の指針としている言葉の3行目には、

「夢の実現を体現できる」

とあります。

これは、赤ちゃんマインドに100%戻ることができれば、どんなことでも実現可能になるということです。

ところが、大人が赤ちゃんマインドになるためには、**二つの大きな障壁**があります。

これがあるとなかなか赤ちゃんマインドになれないですし、それがある限りは赤ちゃんマインドには戻れません。

一つは、赤ちゃんにはなくて、大人にあるもの。**「自分なんて」「どうせ無理」という自己受容の低さです。**

謙遜を美徳とする日本人は、この自己受容がかなり低いといえるかもしれません。

そしてもう一つは、**「行き過ぎたマイナス感情」**です。「行き過ぎたマイナス感情」とは、その場だけでなく翌日以降にも持ち越してしまうようなマイナス感情のことを指します。

たとえば赤ちゃんは、嫌なことをされたら、「わぁーん」と大泣きをしますよね。

自分の感情に正直ですから、すぐに泣くことができるのです。

先日、移動中の新幹線で赤ちゃんが大泣きをしていました。

わんわん泣いている赤ちゃんを見て、私は「わぁ、大きな声で泣いてるなぁ」と、なぜか幸せな気分になりました。

「感情を自由に表現できる、赤ちゃんっていいなぁ」と思ったからです。

その大泣きをしていた赤ちゃんにその後会うことはありませんでしたが、翌日はきっとケロッとしていたはずです。

「昨日の新幹線、つらかったぁ〜！」と、次の日もすねて泣いている赤ちゃんはいないことでしょう。

赤ちゃんというのは、その瞬間のエネルギーを出し切ったら、フワッとまたニュートラルな「幸せ脳」の状態に戻ります。

この**赤ちゃんの幸せ脳こそ、マインドフルネス脳または願望実現脳、といわれている、ミッドアルファ波の状態です**（詳細は167ページコラムをご参照ください）。

この状態こそが「夢の実現の体現」を可能にするのです。

一方で大人はどうかというと、「前に○○さんにあんなことをいわれた」「もう何年もあの人はあんなことをやっている」と過去にばかり目を向けて生きている人が多いようです。かくいう私も数年前まではそうでした。

もしくは、「この先どうしよう……」「これで大丈夫かな？」「失敗しないかな？」といった未来への不安や恐怖がある人もいます。

このように過去や未来に生きていて、今の自分がいない状態を「マインドワンダリング状態」といいます。

ハーバード大学が２２５０名を対象に行った行動心理調査では、目の前のことを考えていないマインドワンダリングの状態は生活時間の47％を占めていたそうです。

これは大変な数字です。

企業に置き換えるなら、社員の47％が目の前の仕事に集中できていないことになります。この状態では、確実に生産性が下がってしまいます。

心が「今ここ」になく、過去と未来を彷徨っていますから、いろいろな雑念がやってきて、仕事の生産性を高めたり、「夢の実現を体現する」どころではなくなってしまうのです。

「やり方」ではなく、「あり方」を大切に

拙著『引き寄せの公式2』でも少し触れましたが、私の心に深く残っている映画のワンシーンがあります。

無農薬のリンゴをつくることに人生のすべてを注いだ木村秋則さんの実話をもとに映画化した『奇跡のリンゴ』のワンシーンです。

無農薬リンゴがどうしてもできず、すべてに投げやりになった木村さんは、山中で命を絶つことを決めます。

木にロープをかけ、首つり自殺を図りますが、自分の身体の重さにロープが耐えきれず、切れてドサッと地面に落とされます。

そのとき木村さんの足は土の中にフワッと入り、見上げると木にたくさんのクルミがなっていました。

私自身、有機農業を広げる仕事に携わっていたことがあるので、このシーンを見た瞬間、「フワッとなる土は農薬をまいていない」ということにすぐに気がつきました。

農薬や化学肥料をまくと土はカチコチになります。土壌微生物群が死滅するために硬くなってしまうのです。フワッとなるのは無農薬の証です。

そして私は、人間関係やお金など、すべてにおいて人生がうまくいっていなかった頃の自分を、木村さんの姿に重ね合わせていました。

その後、木村さんは手についた土の匂いを嗅いで、

「土だ！　今まではどうやったらできるのかと、やり方ばかりを考えていたのが、あり方、土壌なんだ！」

と、一番大切なことに気がつくのです。

そうです、木村さんはそれまで地面の上の部分ばかりに気をとられていたのです。

この気づきから、当時栽培が不可能とされていた無農薬の『奇跡のリンゴ』は誕生しま

した。

その後、木村さんは無農薬の安心でおいしい果物や野菜を育てる「木村式農法」を確立させたのです。

木村秋則さんが最後に気がついたように、「やり方」ではなく、すべての基礎となる土壌、つまり「あり方」が、本当は一番大切なのです。

「やり方」ではなく、「あり方」
「ハウツー（How to）」より、「マインド」

これは、リンゴづくりに限ったことではありません。私たちが生きていくうえで、最も大切なことです。

人生が好転するにはどうしたらいいのか、人間関係を改善させるにはどうすればいいのか、どうすれば嫌いな人を好きになるか、やり方を伝える「ハウツー」は世の中に溢れています。

でも、ハウツーを学ぶより前に、もっと大切なことを知っておいてほしいのです。

やり方、ハウツーではなくて、あり方、心の土壌をつくること。

その**心の土壌づくりは、自分を認め愛するということ**なのです。

自己受容を高める。

どんな自分でもOKと認める。

そして次には、ずっと持ち続けている、怒り、嫉妬、悲しみ、恐怖、不安などの、**行き過ぎたマイナス感情を手放していく**ことが必要です。

この二つを行うことで「心の土壌づくり」が完璧になれば、あなたの目の前には今までの人生からはまったく想像のつかない、素晴らしい世界が瞬間的に広がっていくはずです。

今までの人生はまったく関係なく、瞬間的に変わる

『自分を認め愛することが、未来の創造につながります。
誰もがありのままの自分を取り戻し、
夢の実現を体現できる実践的手法を広めます。』

私が人生の指針とする3行の言葉について述べさせていただきました。

私は、セミナーや講演会でも、この3行の言葉についてお話しさせていただいています。この部分だけで最大2時間半しゃべったことがあります。「ここを納得していただかないと次へは進まない」と決めているため、とことんお伝えします（時間やテーマによってお話ししないこともあります）。

最終的には夢の実現を体現するには、心をコントロールして今この瞬間に生きる手法が世界で求められています。その手法は「マインドフルネス・ミラクルタッピング」だと私

は考えています。

この手法をどんどん広めることで世界が一つになっていきます。

これはハウツーですから、本書では、あまり深くは触れません。

まずは、あり方。心の土壌をつくることが大切です。

それらができたら、どうなるかというと、もう赤ちゃんと同じような、いえ、もっとそれ以上に、幸せを引き寄せる人になります。

今までの人生とはまったく関係なく、瞬間的に好転していきます。

私は、今でこそ人生で「迷う」ということが少なくなってきました。

それでもまだ、「どちらを選択すればいいのだろう？」と迷うこともあります。

もしくは、スムーズに進んでいたのに、思わぬ壁にぶつかって、心が乱れてしまうこともあります。

そんなとき、以前の私ならば、「誰か、助けて」と、すぐに自分の外側に助けや答えを求めていました。

常にドラえもんに助けを求める、のび太君のようでした。

でも、今は違います。

今ではこのような状況に陥ったときは必ず、この3行の言葉に立ち戻るように心がけているからです。

どんな人でも、人生では大なり小なりの、さまざまな問題にぶつかることがあります。

そんなときに、私がおすすめしたいのが、この3行の言葉なのです。

『自分を認め愛することが、未来の創造につながります。
誰もがありのままの自分を取り戻し、
夢の実現を体現できる実践的手法を広めます。』

本当の幸せはあなたのすぐそばにある

自分はなんのためにこの世に生まれてきたのか――。誰もが一度はこのように考えたことがあると思います。

この答えはすでにあなたの中にあります。

あなたは幸せになるために生まれてきた

「夢の実現を体現する」

人はこれを行うために生まれてくるのだと私は思っています。

夢の実現を体現するために、あなたはこの世に生を受けました。

ただ、なんとなく生まれたのではありません。

誰もが使命を持って、そして自分で選んで生まれてきました。

何もかもがうまくいかないと悲観するために生まれてきたのでしょうか。
「自分なんて」と卑下するために生まれてきたのでしょうか。
「どうせ無理」とあきらめるために生まれてきたのでしょうか。

絶対に違います。

あなたはいろいろな体験を通して幸せになるために生まれてきたのです。

「今の自分を変えたい」と思う人もいるでしょう。
でも、無理をして変える必要はないのです。
「もっとがんばらなきゃ」と思う人もいるでしょう。
でも、がんばる必要はないのです。

あなたはあなたのままでいいのです。

「どんな自分でもＯＫ」
そう思えるようになるだけ。

とはいえ、なかなかそうは思えないかもしれませんね。

自己受容の低さと行き過ぎた・持ち過ぎたマイナス感情。
この二つがあなたの心にブレーキをかけています。
これを外すことができれば、変わる努力をしなくても、目いっぱいがんばらなくても、自然と道は開けていきます。
幸せをグッと引き寄せることができるようになります。

何度もいいます。

あなたはあなたのままでいいのです。

私は、心のブレーキを手放すツールを今やっとつくることができました。
いえ、つくったというより、「いただいた」といったほうがよいかもしれません。
それをこれからどんどん広めていくつもりです。

この手法（ハウツー）は、「マインドフルネス・ミラクルタッピング」といいます。
マインドフルネス・ミラクルタッピングは「赤ちゃんマインド」に戻り、夢の実現を体現できる世界初といってもいい画期的な方法です。

でも、ここでのご紹介は控えさせていただきます。
今は、あなたの心のあり方に気づいていただけるだけで十分だからです。

「今ここにある幸せ」に気づく

赤ちゃんはいろんなことを体現したい、経験したい、進化・成長したい、そしてその喜びをみんなで分かち合いたいと思っています。

私もそうありたいですし、あなたにもそうあってほしいと思っています。
その後押しが微力でもできればいいな、と思って、今私は生きています。

でも、その手法を広めることだけが私の生きる目的ではありません。
その手法というのは入れ物だからです。
電車やトラックと同じ。大切なものを入れて運ぶもの。

新幹線はなんのために走っているのでしょうか。人を運ぶためです。
新幹線の中が空っぽだったらただの動く機械です。中に人を乗せてこそ新幹線です。
トラックはなんのために走っているのでしょうか。荷物を運ぶためですよね。
トラックの荷台に空気だけを乗せて走っていれば、ただの大きな車です。

入れ物に何を入れるのか、その中身が私の生きる目的なのです。

ちょっとわかりづらいでしょうか。

私の生きる目的は、マインドフルネス・ミラクルタッピングという手法を広めるのではなく、その手法（入れ物）によって運ばれていくものを広めることなのです。

では、**その中身とはなんなのでしょうか。**

それは「和の心」です。
私はこの和の心を世界に広めていくことがこの世に生まれてきた目的だと思っています。

「和の心」とは、「今ここにある幸せ」に気づく心。そして「和を以て尊しとなす」の「調和の心」です。
お互いがお互いを認め合い高め合う調和とハーモニーの心です。

和の心を持たれている人は、自分の利益や恩恵だけで動くことはありません。
夢が叶ったとき、自分はもとよりまわりの人も幸せになっている。
それが「和の成幸法則」です。

今、世界は混沌としています。

これは、一部の人たちだけが受け取れるような仕組みになっているせいだと思っています。お金であったり、教育であったり、愛であったり……。

では、世界が一つになるためには、みんながお金持ちになったらいいのでしょうか。

私はそれでは解決しないような気がします。

競争原理が働いていて、その競争に多くの人が疲弊している現れなのかな、とも思っています。

「競争はあってよし」と自己啓発の祖デール・カーネギーもいっていますが、時代は少しずつ変わってきています。

確かに競争は必要です。

でも、競争はあくまで「赤ちゃんと比べて今の自分はどうなのかな」という自分との競争だけでいいのでは、と私は思っています。

他人とは、別の意味の「きょうそう＝**共創**」の時代に入ってきた気がしています。競い争う「競争」から、お互いが共に創り高め合う「共創」意識こそが今求められています。

これに必要になってくるのが「和の心」なのです。

和の心を持つと究極な和の成幸法則とは何か、究極な成幸（あえて成幸と書いています）とは何かがわかるようになります。

あなたにとって、一番な大切なものは何か

では、究極の成幸とはなんでしょうか。

私自身、会社員時代に比べたら、ありがたいことに収入は多くなりましたし、今まで一生かかってできるかなと思っていたことがぽんぽんと叶っています。いわゆる「引き寄せ」も意図的に起こせるようになってきました。

私のまわりには、成幸されている方がいっぱいいらっしゃいます。

たとえば、お金のことでいえば、宝くじの1等を当てた人を目の前で見ましたし、その当てた人のクライアントさんも次の週に、大きな臨時収入を得られました。

今年1月に1億円を得られた人もいます。


ものすごい引き寄せですよね。

ここであなたに質問です。


あなたが今一番手に入れたいものはなんでしょうか。

一つ思い浮かべてみてください。

その思い浮かべたものは、必ず手に入れることができます。

天がその願いを必ず叶えてくれます。


ちなみに、大手のマーケティングリサーチ会社の調査によると、日本人が一番欲しいと思っているのがお金だそうです。次が時間。3、4番目は何かのモノで、5番目が車だそうです。

時間以外はお金かモノです。
時間も「もっとお金を稼ぐための時間が欲しい」と思われている人がどうやら多いようです。

話を戻しましょう。

改めて、あなたが一番欲しいものを心に浮かべてみてください。
お金であれば、1億でも、5億でも、10億、100億でも、いくらでもかまいません。
世界中に別荘を建てたり、豪華客船やホテルのオーナーになってもOKです。

目を閉じてイメージしてみましょう。

一つだけ選んでください。一つ必ず手に入ります。

――はい、ゆっくり目を開けてください。


今、使い切れないお金や、大豪邸を浮かべた方、よかったですね！

必ず手に入ります。安心してください。


さらに、もう一つ手に入るものがあります。

よくテレビショッピングで聞くあのフレーズを、思い出してみてください。

「今ならもう一つ、おつけしちゃいます！」

あれと同じです。


天はいいます。

「お前の願いは必ず叶えよう。今ならさらに、もう一つプレゼントをあげよう」

なんでしょう。ワクワクしますね。

「そのプレゼントは……」

「あと1週間の命だ！　7日後にお前はこの世から消えてなくなることになる」

へ？　なに？

1週間の命？

あなたはこういわれたら、どう思いますか？

私だったら、「やめてください！　お金はいりません」と絶対にいいます。

「お前は、一番欲しいのはお金だといったではないか。それが手に入るのになぜうろたえるのだ」

「死にたくないんです」

「死にたくない？　でも一番欲しいものが手に入るのだからよいではないか」

「いえ、死にたくありません！　命のほうが大事なんです！」

すでにお気づきの方もいるかと思いますが、実はこれは、私が講演の最後に行うワークなのです。

「あなたにとって、一番大切なものは何か」

そのことに気づいていただくためのワークです。

今、この瞬間に、「生きている」ということが、実は一番欲しいもの、あなたの願いなのではないでしょうか。

命があり、身体が自由に動き、日々を生きていける……。

私たちはこれらのことを「あたりまえ」だと思い込んでいます。
でも、これらは何よりも「ありがたい」ことであり、「幸せ」なのです。
あなたはすでに奇跡の連続ともいえる日々を生きているのです。

このことに気づいたあなたには、もれなくおまけがついていています。
今度は、ワークではなく、宇宙の真理としてついてくるものです。

「今、生きていることが幸せなんだ」と思えたら、D＝PKが発動します。

D（仕事、お金、人間関係、恋愛、健康など）＝PK（プライベート感情）

でしたよね。

「今、幸せなんだ」という感情が求心力になって、その結果として、幸せなお金、人間関係、仕事、健康、あらゆる面が変わっていきます。

「これさえあればもっと幸せになれる」

「これがないから不幸せなんだ」

多くの人はこのように錯覚しています。


違うのです。

そう思っていることが不幸の求心力になるのです。

なぜなら欠乏感は、より欠乏感を感じることを増やしてしまうためです。

このことは量子物理学でいうところの同一周波数の共鳴現象が起こるためです。

今が不幸せだと思っていると、より不幸せな結果を生みます。
あってもなくても**今が幸せだと思ったら、それが求心力になって、より幸せなことを引き寄せます。**

今、あなたはこの本を読んでくださっているのですから、生きているはずです。

ということは、最高にすごいものをすでに引き寄せているということなのです。

だから、あなたはあなたのままでいいのです。
「どんな自分でもＯＫ」なのです。
「今、この瞬間に生きていることが幸せなんだ」と気づいたあなたには、これからさらに素晴らしい未来が待っています。

あなたは世界にたったひとりしかいない尊い存在です。
あなたの持つ可能性は無限大です。
あなたが未来と世界を創っていきます。

あなたはもっと幸せになっていいんです！

あなたの奇跡のご縁に感謝を込めて。

とみ太郎こと山富浩司

著者プロフィール

山富 浩司（やまとみ こうじ）

「心のブレーキを外して『引き寄せ』を加速させる専門家」


一般社団法人イーモアマインドクリエーション協会代表理事。

『引き寄せを加速させる専門家』。

1961年11月1日生まれ。兵庫県姫路市出身。

幼少期のDV経験から極度の人見知り、対人恐怖となる。20代で大病を患い、余命宣告を受けて何度も死の淵をさまよう。このときに「臨死体験」を経験。奇跡的に回復するも、1995年の阪神・淡路大震災で財産全てを失う。長年勤めた会社から2011年にリストラを受ける。同時に大病から生還して以来2,000万円以上費やして30年間研究を続けていた『引き寄せの公式®』をついに完成させる。

引き寄せの公式を使って「心のブレーキ」を外すことに主眼を置き、「ミラクルタッピング®」「リミットブレイクマスター®」「エネルギーマイスター®」を開発。

その後はまさに『引き寄せ』のオンパレード。劇的に人生が好転していく。

その後数ヵ月のうちに出版、NHKテレビの全国放送出演、協会の設立と代表理事就任、株式会社の立ち上げ、全国からのセミナーオファー、ハワイにセミナールーム開設、素晴らしい人間関係の構築、大幅な収入増など別世界に突入。

年間セミナー、講演数は300回超。セッション、カウンセリングは延べ10,000人以上。

セッションを行う上でのポリシーは「リピーターを作らないこと」。依存ではなく自立の応援を信条とし「1回で結果が出るセッション」は現在では数ヵ月待ちの状態が続いている。


プライベートでも幸せな家庭や大切な友人ができ、「引き寄せの達人」と言われるほどに、公私ともにメソッドの効果を体現。

『心のブレーキを外すと、人生は加速してよくなる！』『誰でもいつからでも夢はかなう！』をテーマに、誰でも何度でも、どんなジャンルでも、意図的に「引き寄せ」を起こす方法を、「超引き寄せセミナー」、講演、養成講座、セミナー、カウンセリングを通して伝え、全国、そして海外でも精力的に活動中。


著書に『引き寄せの公式』『引き寄せの公式2』（パブラボ）、『引き寄せの公式　CDブック』（マキノ出版）、『〈お金〉引き寄せの公式 こうして宇宙銀行から「幸せなお金」がやってくる』（大和出版）、『「和の引き寄せ」を加速する マインドフルネスタッピング』（KADOKAWA）、『1分間たたくだけタッピングダイエット』『自分史上最高の幸福がふりそそぐ　タッピングセラピー』（遊タイム出版）、『スーパーキッズを育む簡単ミラクルタッピング』（創芸社）がある。

（メルマガ：『あなたは、もっと幸せになっていいんです！』
〜「心のブレーキを外して『引き寄せ』を加速させる方法〜）
http://www.reservestock.jp/subscribe/22658
（ブログ：アメブロ）
http://ameblo.jp/tomitarou2008/
(Facebook：山富浩司）
http://www.facebook.com/koji.yamatomi
（山富浩司ホームページ）
http://www.tomitarou.com/
（協会ホームページ）
http://www.e-more.org/

がんばらなくても、うまくいく

発行日	2016年12月23日　第1刷発行
定　価	本体1500円＋税
著　者	山富浩司
デザイン	薗部寛明　ウシオデザイン
編　集	田中智絵　藻谷綾乃
スタッフ	木村 馨　三澤 豊　中山浩之　久田敦子
発行人	菊池 学
発　行	株式会社パブラボ 〒101-0043　東京都千代田区神田富山町8番地 TEL 03-5298-2280 FAX 03-5298-2285
発　売	株式会社星雲社 〒112-0005　東京都文京区水道1-3-30 TEL 03-3868-3275
印刷・製本	株式会社太平印刷社

ISBN 978-4-434-22597-0

「パブラボの本」

引き寄せの公式

山富浩司　定価：本体1400円＋税

日本人に合った「和の引き寄せ」

願っていないことばかりが起こる『逆引き寄せ』が起こっている方にオススメ。「$D=E+H-B^2$」があなたに奇跡を起こします。タッピングの第一人者がたどり着いた人生逆転の公式。短期間でほぼ100%が『引き寄せ』を実感できます!!

「パブラボの本」

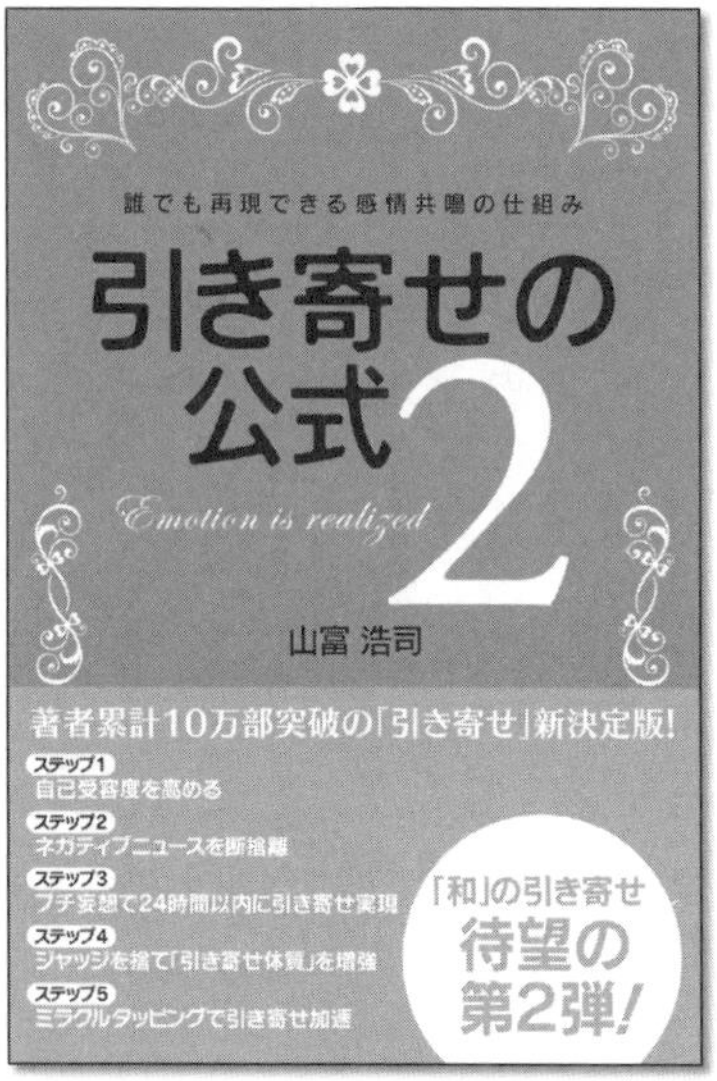

引き寄せの公式２

山富浩司　定価：本体１400円＋税

「和」の引き寄せ、待望の第2弾!

一度覚えてしまえば誰でもどんなジャンルでも何回でも再現できるのが「引き寄せの公式」の特徴。わずか１ヶ月の間に人生が大きく好転された方も一人や二人ではありません。映画を観に行く「予定」のようにあたりまえに「引き寄せ」が起こせるようになります。